Das Erste Finnische Lesebuch für Anfänger

Enni Saarinen

Das Erste Finnische Lesebuch für Anfänger

Stufen A1 A2

Zweisprachig mit Finnisch-deutscher Übersetzung

Das Erste Finnische Lesebuch für Anfänger
von Enni Saarinen

Audiodateien: www.lppbooks.com/Finnish/FirstFinnishReader_audio
Homepage: www.audiolego.com

Umschlaggestaltung: Audiolego Design
Umschlagfoto: Canstockphoto

3. Ausgabe

Druck: KN Digital Printforce GmbH, Ferdinand-Jühlke-Straße 7, 99095 Erfurt

Inhaltsverzeichnis

Anfänger Stufe 1A

So steuern Sie die Geschwindigkeit der Audiodateien

Das Buch ist mit den Audiodateien ausgestattet. Die Adresse der Homepage des Buches, wo Audiodateien zum Anhören und Herunterladen verfügbar sind, ist am Anfang des Buches auf der bibliographischen Beschreibung vor dem Copyright-Hinweis aufgeführt.

Wir empfehlen Ihnen, den kostenlosen VLC-Mediaplayer zu verwenden, die Software, die zur Steuerung der Wiedergabegeschwindigkeit aller Audioformate verwendet werden kann. Die Steuerung der Geschwindigkeit ist auch einfach und erfordert nur wenige Klicks oder Tastatureingaben.

Android: Nach der Installation vom VLC Media Player klicken Sie auf die Audiodatei am Anfang eines Kapitels oder auf der Homepage des Buches, wenn Sie ein Papierbuch lesen. Wählen Sie "Open with VLC". Wenn Sie Schwierigkeiten beim Öffnen von Audiodateien mit VLC haben, ändern Sie die Standard-App für den Musik-Player. Gehen Sie zu Einstellungen→Apps, wählen Sie VLC und klicken Sie auf "Open by default" oder "Set default".

Kindle Fire: Nach der Installation vom VLC Media Player klicken Sie auf eine Audiodatei am Anfang eines Kapitels oder auf der Homepage des Buches, wenn Sie ein Papierbuch lesen. Wählen Sie "Complete action using →VLC".

iOS: Nach der Installation vom VLC Media Player kopieren Sie den Link zu der Audiodatei am Anfang eines Kapitels oder auf der Homepage des Buches, wenn Sie ein Papierbuch lesen, und fügen Sie ihn in den Download-Bereich des VLC Media Players ein. Nachdem der Download abgeschlossen ist, gehen Sie zu "Alle Dateien" und starten Sie die Audiodatei.

Windows: Starten Sie den VLC Media Player und klicken Sie auf die Audiodatei am Anfang eines Kapitels oder auf der Homepage des Buches, wenn Sie ein Papierbuch lesen. Gehen Sie nun in die Wiedergabe (Playback) und navigieren Sie die Geschwindigkeit.

MacOS: Starten Sie den VLC Media Player und klicken Sie auf die Audiodatei am Anfang eines Kapitels oder auf der Homepage des Buches, wenn Sie ein Papierbuch lesen. Nun, navigieren Sie zum Playback und öffnen die Optionen von Geschwindigkeit. Navigieren Sie die Geschwindigkeit.

1

Robertilla on koira

Robert hat einen Hund

Sanat

Vokabeln

1. ei - nicht
2. hän - er
3. hänen sänkynsä - sein, seine; sein Bett
4. he, ne - sie
5. hotelli - das Hotel
6. hotellit - die Hotels
7. huone - das Zimmer
8. huoneet - die Zimmer
9. ikkuna - das Fenster
10. ikkunat - die Fenster
11. iso, suuri - groß
12. ja - und
13. kadut - die Straßen
14. katu - die Straße
15. kaupat - die Läden
16. kauppa - der Laden
17. kirja - das Buch
18. kissa - die Katze
19. koira - der Hund
20. kynä - der Stift
21. kynät - die Stifte
22. liian, liikaa, myös - auch
23. minä - ich
24. minun - mein, meine, mein
25. monta - viele
26. mukava, kiva - schön

27. musta - schwarz
28. nämä - diese (Pl.)
29. neljä - vier
30. nenä - die Nase
31. nuo - jene (Pl.)
32. on, olla, omistaa; Hänellä on kirja. - haben, er/sie/es hat;Er hat ein Buch.
33. opiskelija - der Student
34. opiskelijat - die Studenten
35. pieni - klein
36. (polku)pyörä - das Fahrrad
37. pöydät - die Tische
38. pöytä - der Tisch
39. puisto - der Park
40. puistot - die Parks
41. sana - das Wort, die Vokabel
42. sanat - die Wörter, die Vokabel
43. sängyt - die Betten
44. sänky - das Bett
45. silmä - das Auge
46. silmät - die Augen
47. sininen - blau
48. tähti - der Stern
49. tämä - dieser, diese, dieses
50. tämä kirja - dieses Buch
51. teksti - der Text
52. tuo - jener, jene, jenes
53. unelma - der Traum
54. uusi - neu
55. vihko, muistikirja, muistivihko - das Notizbuch
56. vihkot, vihot, muistikirjat, muistivihkot, muistivihot - die Notizbücher
57. vihreä - grün
58. yksi - ein

B

Robertilla on koira

1.Tällä opiskelijalla on kirja. 2.Hänellä on myös kynä.

3.San Fransiscossa on paljon katuja ja puistoja. 4.Tällä kadulla on uusia hotelleja ja kauppoja. 5.Tällä hotellilla on neljä tähteä. 6.Tässä hotellissa on paljon mukavia, isoja huoneita.

7.Tuossa huoneessa on monta ikkunaa. 8.Ja näissä huoneissa ei ole montaa ikkunaa. 9.Näissä huoneissa on neljä sänkyä. 10.Ja näissä huoneissa on yksi sänky. 11.Tuossa huoneessa ei ole montaa pöytää. 12.Ja näissä huoneissa on monta isoa pöytää.

13.Tällä kadulla ei ole yhtään hotellia. 14.Tässä isossa kaupassa on monta ikkunaa.

15.Näillä opiskelijoilla on muistivihkot. 16.Heillä on myös kynät. 17.Robertilla on yksi pieni musta muistivihko. 18.Paulilla on neljä uutta vihreää muistivihkoa.

Robert hat einen Hund

1.Dieser Student hat ein Buch. 2.Er hat auch einen Stift.

3.San Francisco hat viele Straßen und Parks. 4.Diese Straße hat neue Hotels und Läden. 5.Dieses Hotel hat vier Sterne. 6.Dieses Hotel hat viele schöne, große Zimmer.

7.Jenes Zimmer hat viele Fenster. 8.Und diese Zimmer haben nicht viele Fenster. 9.Diese Zimmer haben vier Betten. 10.Und diese Zimmer haben ein Bett. 11.Jenes Zimmer hat nicht viele Tische. 12.Und diese Zimmer haben viele große Tische.

13.In dieser Straße sind keine Hotels. 14.Dieser große Laden hat viele Fenster.

15.Diese Studenten haben Notizbücher. 16.Sie haben auch Stifte. 17.Robert hat ein kleines schwarzes Notizbuch. 18.Paul hat vier neue grüne Notizbücher.

19.Tällä opiskelijalla on pyörä. 20.Hänellä on uusi sininen pyörä. 21.Davidilla on myös pyörä. 22.Hänellä hieno musta pyörä.

19.Dieser Student hat ein Fahrrad. 20.Er hat ein neues blaues Fahrrad. 21.David hat auch ein Fahrrad. 22.Er hat ein schönes schwarzes Fahrrad.

23.Paulilla on unelma. 24.Minullakin on unelma. 25.Minulla ei ole koiraa. 26.Minulla on kissa. 27.Kissallani on kauniit vihreät silmät. 28.Robertilla ei ole kissaa. 29.Hänellä on koira. 30.Hänen koirallaan on pieni musta nenä.

23.Paul hat einen Traum. 24.Ich habe auch einen Traum. 25.Ich habe keinen Hund. 26.Ich habe eine Katze. 27.Meine Katze hat schöne grüne Augen. 28.Robert hat keine Katze. 29.Er hat einen Hund. 30.Sein Hund hat eine kleine schwarze Nase.

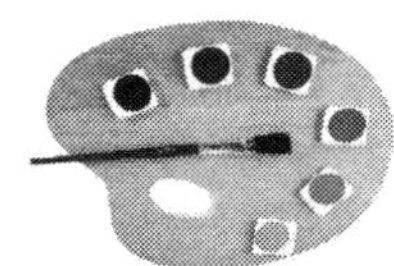

2

He asuvat San Franciscossa (USA:ssa)

Sie wohnen in San Francisco (USA)

A

Sanat

Vokabeln

1. äiti - die Mutter
2. amerikkalainen - Amerikaner
3. elää, asua - leben, wohnen
4. hän - sie
5. iso, suuri - groß
6. kaksi - zwei
7. Kanada - Kanada
8. kanadalainen - Kanadier
9. kaupunki - die Stadt
10. me - wir
11. nälkäinen - hungrig; Minulla on nälkä. / Olen nälkäinen. - Ich habe Hunger.
12. nyt - jetzt, zurzeit, gerade
13. ostaa - kaufen
14. saksalainen - der Deutsche, die Deutsche
15. sinä / te - du, Sie / ihr
16. sisar, sisko - die Schwester
17. -ssa, -ssä, olla jossain, sisällä - in
18. -sta/-stä - aus
19. supermarketti, valintamyymälä - der Supermarkt
20. USA - die USA
21. USA:sta - aus den USA
22. veli - der Bruder
23. voileipä - das Sandwich

B

He asuvat San Fraciscossa (USA)

Sie wohnen in San Francisco (USA)

1.San Francisco on iso kaupunki. 2.San Francisco on USA:ssa.

1.San Francisco ist eine große Stadt. 2.San Francisco ist in den USA.

3.Tämä on Robert. 4.Robert on opiskelija 5.Hän on nyt San Franciscossa. 6.Robert on kotoisin Saksasta. 7.Hän on saksalainen. 8.Robertilla on äiti, isä, veli ja sisar. 9.He asuvat Saksassa.

3.Das ist Robert. 4.Robert ist Student. 5.Er ist zurzeit in San Francisco. 6.Robert kommt aus Deutschland. 7.Er ist Deutscher. 8.Robert hat eine Mutter, einen Vater, einen Bruder und eine Schwester. 9.Sie leben in Deutschland.

10.Tämä on Paul. 11.Paul on myös opiskelija. 12.Hän on kotoisin Kanadasta. 13.Hän on kanadalainen. 14.Paulilla on äiti, isä ja kaksi sisarta. 15.He asuvat Kanadassa.

10.Das ist Paul. 11.Paul ist auch Student. 12.Er kommt aus Kanada. 13.Er ist Kanadier. 14.Paul hat eine Mutter, einen Vater und zwei Schwestern. 15.Sie leben in Kanada.

16.Robert ja Paul ovat nyt supermarketissa. 17.He ovat nälkäisiä. 18.He ostavat voileivät.

16.Robert und Paul sind gerade im Supermarkt. 17.Sie haben Hunger. 18.Sie kaufen Sandwiches.

19.Tämä on Linda. 20.Linda on amerikkalainen. 21.Linda asuu myös San Franciscossa. 22.Hän ei ole opiskelija.

19.Das ist Linda. 20.Linda ist Amerikanerin. 21.Linda wohnt auch in San Francisco. 22.Sie ist kein Student.

23.Olen opiskelija. 24.Olen kotoisin Saksasta. 25.Olen nyt San Fraciscossa nyt. 26.Minulla ei ole nälkä.

23.Ich bin Student. 24.Ich komme aus Deutschland. 25.Ich bin zurzeit in San Francisco. 26.Ich habe keinen Hunger.

27.Sinä olet opiskelija. 28. Sinä olet saksalainen. 29. Et ole nyt Saksassa. 30.Sinä olet USA:ssa.

27.Du bist Student. 28.Du bist Deutsche. 29.Du bist zurzeit nicht in Deutschland. 30.Du bist in den USA.

31.Me olemme opiskelijoita. 32.Me olemme nyt USA:ssa.

31.Wir sind Studenten. 32.Wir sind zurzeit in den USA.

33.Tämä on polkupyörä. 34.Pyörä on sininen. 35.Pyörä ei ole uusi. 36.Tämä on koira. 37.Koira on musta. 38. Koira ei ole iso.

33.Dies ist ein Fahrrad. 34.Das Fahrrad ist blau. 35.Das Fahrrad ist nicht neu. 36.Dies ist ein Hund. 37.Der Hund ist schwarz. 38.Der Hund ist nicht groß.

39.Nämä ovat kauppoja. 40.Nämä kaupat eivät ole isoja. 41.Ne ovat pieniä. 42.Tässä kaupassa on monta ikkunaa. 43.Noissa kaupoissa ei ole montaa ikkunaa. 44.Kissa on huoneessa. 45.Kissat eivät ole huoneessa.

39.Dies sind Läden. 40.Die Läden sind nicht groß. 41.Sie sind klein. 42.Dieser Laden hat viele Fenster. 43.Jene Läden haben nicht viele Fenster. 44.Die Katze ist im Zimmer. 45.Diese Katzen sind nicht im Zimmer.

3

Ovatko he saksalaisia?

Sind sie Deutsche?

A

Sanat

Vokabeln

1. CD-soitin - der CD-Spieler
2. ei - nein
3. eläin - das Tier
4. espanjalainen, espanjankielinen - spanisch, Spanisch
5. hänen kirjansa - ihr Buch
6. kahvila - das Café
7. kaikki - alle
8. kartta - die Karte
9. kuinka - wie
10. kyllä - ja
11. -lla / -llä, olla jonkin päällä - auf
12. meidän - unser
13. mies, ihminen - der Mann, der Mensch
14. missä - wo
15. nainen - die Frau
16. olla jossain - am, beim
17. poika - der Junge
18. se - es
19. sinä / te - du, Sie / ihr
20. talo - das Haus

B

Ovatko he saksalaisia?

1

- Olen poika. Olen huoneessa.
- Oletko sinä amerikkalainen?
- Ei, en ole. Olen saksalainen.
- Oletko opiskelija?
- Kyllä minä olen opiskelija.

2

- Tässä on nainen. Nainen on myös huoneessa.
- Onko hän saksalainen?
- Ei hän ole. Hän on amerikkalainen.
- Onko hän opiskelija?
- Ei, hän ei ole opiskelija.
- Tässä on mies. Hän istuu pöydän ääressä.
- Onko hän amerikkalainen?
- Kyllä, hän on amerikkalainen.

3

- Nämä ovat opiskelijoita. He ovat puistossa.
- Ovatko he kaikki amerikkalaisia?
- Ei, eivät he kaikki ole amerikkalaisia. He ovat Saksasta, USA:sta ja Kanadasta.

4

- Tämä on pöytä. Se on iso.
- Onko se uusi?
- Kyllä,e on uusi.

5

- Tämä on kissa. Se on huoneessa.
- Onko se musta?
- Kyllä se on. Se on musta ja kaunis.

6

- Nämä ovat polkupyöriä. Ne ovat talon vieressä.
- Ovatko ne mustia?
- Kyllä ne ovat mustia.

7

- Onko sinulla muistivihkoa?
- Kyllä minulla on.
- Kuinka monta muistivihkoa sinulla on?
- Minulla on kaksi muistivihkoa.

8

- Onko hänellä kynää?
- Kyllä hänellä on.
- Kuinka monta kynää hänellä on?
- Hänellä on yksi kynä.

Sind sie Deutsche?

1

- Ich bin ein Junge. Ich bin im Zimmer.
- Bist du Amerikaner?
- Nein, ich bin nicht Amerikaner. Ich bin Deutscher.
- Bist du Student?
- Ja, ich bin Student.

2

- Das ist eine Frau. Die Frau ist auch im Zimmer.
- Ist sie Deutsche?
- Nein, sie ist nicht Deutsche. Sie ist Amerikanerin.
- Ist sie Studentin?
- Nein, sie ist nicht Studentin.
- Das ist ein Mann. Er sitzt am Tisch.
- Ist er Amerikaner?
- Ja, er ist Amerikaner.

3

- Das sind Studenten. Sie sind im Park.
- Sind sie alle Amerikaner?
- Nein, sie sind nicht alle Amerikaner. Sie kommen aus Deutschland, den USA und Kanada.

4

- Das ist ein Tisch. Er ist groß.
- Ist er neu?
- Ja, er ist neu.

5

- Das ist eine Katze. Sie ist im Zimmer.
- Ist sie schwarz?
- Ja, das ist sie. Sie ist schwarz und schön.

6

- Das sind Fahrräder. Sie stehen beim Haus.
- Sind sie schwarz?
- Ja, sie sind schwarz.

7

- Hast du ein Notizbuch?
- Ja.
- Wie viele Notizbücher hast du?
- Ich habe zwei Notizbücher.

8

- Hat er einen Stift?
- Ja.
- Wie viele Stifte hat er?
- Er hat einen Stift.

9

- Onko hänellä polkupyörää?
- Kyllä hänellä on.
- Onko hänen pyöränsä sininen?
- Ei ole. Hänen pyöränsä ei ole sininen. Se on vihreä.

9

- Hat sie ein Fahrrad?
- Ja.
- Ist ihr Fahrrad blau?
- Nein, es ist nicht blau. Es ist grün.

10

- Onko sinulla espanjan kielistä kirjaa?
- Ei ole. Minulla ei ole yhtään espanjankielistä kirjaa. Minulla ei ole kirjoja.

10

- Hast du ein spanisches Buch?
- Nein, ich habe kein spanisches Buch. Ich habe keine Bücher.

11

- Onko hänellä kissa?
- Ei ole. Hänellä ei ole kissaa. Hänellä ei ole eläimiä.

11

- Hat sie eine Katze?
- Nein, sie hat keine Katze. Sie hat kein Tier.

12

- Onko teillä cd-soitin?
- Ei, meillä ei ole cd-soitinta.

12

- Habt ihr einen CD-Spieler?
- Nein, wir haben keinen CD-Spieler.

13

- Missä karttamme on?
- Karttamme on huoneessa.
- Onko se pöydällä?
- Kyllä se on.

13

- Wo ist unsere Karte?
- Unsere Karte ist im Zimmer.
- Liegt sie auf dem Tisch?
- Ja, sie liegt auf dem Tisch.

14

- Missä pojat ovat?
- He ovat kahvilassa.
- Missä pyörät ovat?
- Ne ovat kahvilan edessä.
- Missä Paul on?
- Hän on myös kahvilassa.

14

- Wo sind die Jungs?
- Sie sind im Café.
- Wo sind die Fahrräder?
- Sie stehen vor dem Café.
- Wo ist Paul?
- Er ist auch im Café.

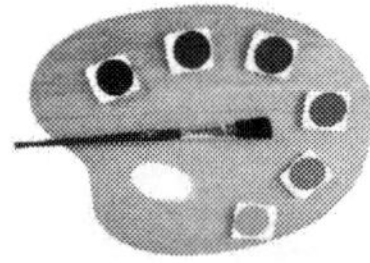

4

Voitko ystävällisesti auttaa?

Können Sie mir bitte helfen?

A

Sanat

Vokabeln

1. apu; auttaa - die Hilfe; helfen
2. asettaa, laittaa; paikka - legen, der Platz
3. ei täydy, ei pidä, ei kuulu, ei tarvitse, ei saa - nicht dürfen
4. istua - sitzen
5. kiitoksia, kiitos, kiitti - danke
6. kiittää - danken
7. kirjoittaa - schreiben
8. leikkiä, pelata, soittaa - spielen
9. -lle, jollekin, jotakin varten - für
10. lukea - lesen
11. mennä - gehen, fahren; Minä menen pankkiin. - Ich gehe zur Bank.
12. Minun täytyy mennä. / Minun pitää mennä. - Ich muss gehen.
13. mutta - aber
14. ole hyvä, olkaa hyvä (olisitko ystävällinen) - bitte
15. oppia - lernen
16. osoite - die Adresse
17. ottaa - nehmen
18. pankki - die Bank
19. puhua - sprechen
20. saada, olla lupa - dürfen, können
21. täytyy, pitää, kuuluu, tarvitsee - müssen
22. voida, kyetä, osata - können; Minä osaan lukea. - Ich kann lesen.

B

Voitko ystävällisesti auttaa?

1

- Voitko ystävällisesti auttaa minua?
- Kyllä minä voin.
- En osaa kirjoittaa osoitetta englanniksi. Voitko kirjoittaa sen minun puolestani?
- Kyllä minä voin.
- Kiitos.

2

- Osaatko pelata tennistä?
- Ei, en osaa. Mutta voin opetella. Voitko auttaa minua oppimaan?
- Kyllä, minä voin opettaa sinua pelaamaan tennistä.
- Kiitos.

3

- Osaatko puhua englantia?
- Osaan puhua ja lukea englantia, mutta en osaa kirjoittaa sitä.
- Osaatko puhua saksaa?
- Kyllä, osaan puhua, lukea ja kirjoittaa saksaa.
- Osaako Linda myös saksaa?
- Ei hän osaa. Hän on amerikkalainen.
- Puhuvatko he englantia?
- Kyllä, he puhuvat vähän. He ovat opiskelijoita ja opettelevat englantia.
- Tämä poika ei osaa puhua lainkaan englantia.

4

- Missä he ovat?
- He pelaavat parhaillaan tennistä.
- Voimmeko mekin pelata?
- Kyllä me voimme.

5

- Missä Robert on?
- Hän saattaa olla kahvilassa.

6

- Istu tähän pöytään, ole hyvä.
- Kiitos. Voinko laittaa kirjani tälle pöydälle?
- Kyllä voit.

7

- Saakoko Paul istua tähän pöytään?
- Kyllä hän saa.

8

- Saanko istua hänen sängylleen?

Können Sie mir bitte helfen?

1

- Können Sie mir bitte helfen?
- Ja, das kann ich.
- Ich kann die Adresse nicht auf Englisch schreiben. Können Sie sie für mich schreiben?
- Ja, das kann ich.
- Danke.

2

- Kannst du Tennis spielen?
- Nein. Aber ich kann es lernen. Kannst du mir dabei helfen?
- Ja, ich kann dir helfen, Tennis spielen zu lernen.
- Danke.

3

- Sprichst du Englisch?
- Ich kann Englisch sprechen und lesen, aber nicht schreiben.
- Sprichst du Deutsch?
- Ich kann Deutsch sprechen, lesen und schreiben.
- Kann Linda auch Deutsch?
- Nein, sie kann kein Deutsch. Sie ist Amerikanerin.
- Sprechen sie Englisch?
- Ja, ein bisschen. Sie sind Studenten und lernen Englisch.
- Dieser Junge spricht kein Englisch.

4

- Wo sind sie?
- Sie spielen gerade Tennis.
- Können wir auch spielen?
- Ja, das können wir.

5

- Wo ist Robert?
- Er ist vielleicht im Café.

6

- Setzen Sie sich an diesen Tisch, bitte.
- Danke. Kann ich meine Bücher auf diesen Tisch legen?
- Ja.

7

- Darf Paul sich an seinen Tisch setzen?
- Ja, das darf er.

8

- Darf ich mich auf ihr Bett setzen?

- Ei, et saa.
- Saako Linda ottaa hänen cd- soittimensa?
- Ei, hän ei saa ottaa hänen cd- soitintaan.

9

- Saavatko he ottaa hänen karttansa?
- Ei, he eivät saa.

10

- Sinun ei tulisi istua hänen sängyllään.
- Hänen ei tulisi ottaa hänen cd- soitintaan.
- Heidän ei tulisi ottaa näitä muistivihkoja.

11

- Minun täytyy mennä pankkiin.
- Täytyykö sinun mennä heti?
- Kyllä minun täytyy.

12

- Täytyykö sinun opetella saksaa?
- Minun ei tarvitse opetella saksaa. Minun täytyy opetella englantia.

13

- Täytyykö hänen mennä pankkiin?
- Ei, hänen ei tarvitse mennä pankkiin.

14

- Saanko ottaa tämän pyörän?
- Ei, et saa ottaa tätä pyörää.
- Saammeko laittaa nämä muistivihot hänen sängylleen?
- Ei, ette saa laittaa muistivihkoja hänen sängylleen.

- Nein, das darfst du nicht.
- Darf Linda seinen CD- Spieler nehmen?
- Nein, sie darf seinen CD- Spieler nicht nehmen.

9

- Dürfen sie ihre Karte nehmen?
- Nein, das dürfen sie nicht.

10

- Du darfst dich nicht auf ihr Bett setzen.
- Sie darf seinen CD- Spieler nicht nehmen.
- Sie dürfen diese Notizbücher nicht nehmen.

11

- Ich muss zur Bank gehen.
- Musst du jetzt gehen?
- Ja.

12

- Musst du Deutsch lernen?
- Ich muss nicht Deutsch lernen. Ich muss Englisch lernen.

13

- Muss sie zur Bank gehen?
- Nein, sie muss nicht zur Bank gehen.

14

- Darf ich dieses Fahrrad nehmen?
- Nein, du darfst dieses Fahrrad nicht nehmen.
- Dürfen wir diese Notizbücher auf ihr Bett legen?
- Nein, ihr dürft die Notizbücher nicht auf ihr Bett legen.

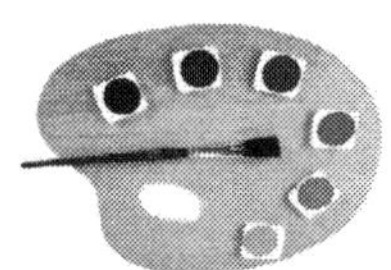

5

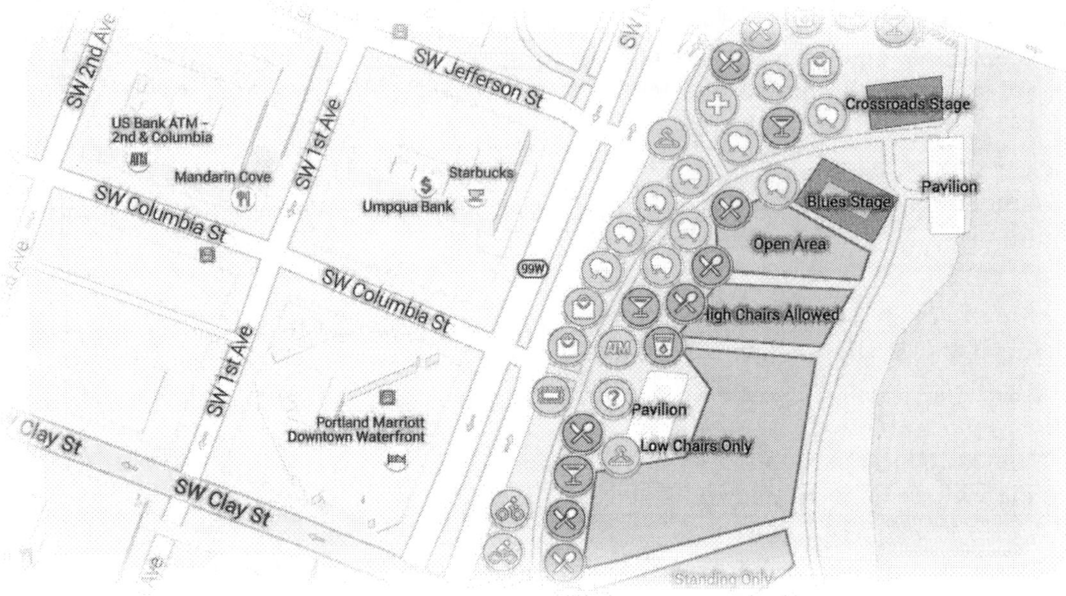

Robert asuu nyt USA:ssa

Robert wohnt jetzt in den USA

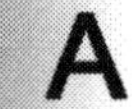
A

Sanat

Vokabeln

1. aamiainen, aamupala - das Frühstück; syödä aamiaista - frühstücken
2. haluta, tahtoa - wollen
3. huonekalu - die Möbel
4. hyvä (adj.), hyvin (adv.), - gut
5. ihmiset - die Menschen
6. joitain, joitakin, muutama - ein paar
7. juoda - trinken
8. kahdeksan - acht
9. kolme - drei
10. kuunnella - hören; Minä kuuntelen musiikkia. - Ich höre Musik.
11. kuusi - sechs
12. maatila - der Bauernhof
13. musiikki - die Musik
14. pitää, tykätä - mögen
15. rakastaa - lieben
16. sanomalehti - die Zeitung
17. seitsemän - sieben
18. siellä - dort
19. syödä - essen
20. tarvita - brauchen
21. tee - der Tee
22. tori - der Platz
23. tuoli - der Stuhl
24. tyttö - das Mädchen
25. viisi - fünf

B

Robert asuu nyt USA:ssa

1

Linda lukee hyvin englantia. Minä luen myös englantia. Opiskelijat menevät puistoon. Hän menee myös puistoon.

2

Me asumme San Franciscossa. Paul asuu nyt myös San Franciscossa. Hänen isänsä ja äitinsä asuvat Kanadassa. Robert asuu nyt San Franciscossa. Hänen isänsä ja äitinsä asuvat Saksassa.

3

Opiskelijat pelaavat tennistä. Paul pelaa hyvin. Robert ei pelaa hyvin.

4

Me juomme teetä. Linda juo vihreää teetä. David juo mustaa teetä. Minä juon myös mustaa teetä.

5

Minä kuuntelen musiikkia. Sarah kuuntelee myös musiikkia. Hän pitää hyvän musiikin kuuntelemisesta.

6

Minä tarvitsen kuusi muistivihkoa. David tarvitsee seitsemän muistivihkoa. Linda tarvitsee kahdeksan muistivihkoa.

7

Sarah haluaa juoda jotain. Minä haluan myös juoda jotain. Paul haluaa syödä jotain.

8

Tuolla on sanomalehti pöydällä. Paul ottaa sen ja lukee sitä. Hän pitää sanomalehden lukemisesta.

9

Huoneessa on joitakin huonekaluja. Siellä on kuusi pöytää ja kuusi tuolia.

10

Huoneessa on kolme tyttöä. He syövät aamiaista.

11

Sarah syö leipää ja juo teetä. Hän pitää vihreästä teestä.

12

Pöydällä on joitakin kirjoja. Ne eivät ole uusia. Ne ovat vanhoja.

13

- Onko tällä kadulla pankkia?

Robert wohnt jetzt in den USA

1

Linda liest gut Englisch. Ich lese auch Englisch. Die Studenten gehen in den Park. Sie geht auch in den Park.

2

Wir wohnen in San Francisco. Paul wohnt jetzt auch in San Francisco. Sein Vater und seine Mutter leben in Kanada. Robert wohnt jetzt in San Francisco. Sein Vater und seine Mutter leben in Deutschland.

3

Die Studenten spielen Tennis. Paul spielt gut. Robert spielt nicht gut.

4

Wir trinken Tee. Linda trinkt grünen Tee. David trinkt schwarzen Tee. Ich trinke auch schwarzen Tee.

5

Ich höre Musik. Sarah hört auch Musik. Sie hört gerne gute Musik.

6

Ich brauche sechs Notizbücher. David braucht sieben Notizbücher. Linda braucht acht Notizbücher.

7

Sarah will etwas trinken. Ich will auch etwas trinken. Paul will etwas essen.

8

Dort liegt eine Zeitung auf dem Tisch. Paul nimmt sie und liest. Er liest gerne Zeitung.

9

Im Zimmer gibt es Möbel. Es gibt dort sechs Tische und sechs Stühle.

10

Es sind drei Mädchen im Zimmer. Sie frühstücken.

11

Sarah isst Brot und trinkt Tee. Sie mag grünen Tee.

12

Auf dem Tisch liegen ein paar Bücher. Sie sind nicht neu. Sie sind alt.

13

- Ist in dieser Straße eine Bank?

- Kyllä on. Tällä kadulla on viisi pankkia. Pankit eivät ole isoja.

- Ja. Es gibt fünf Banken in dieser Straße. Sie sind nicht groß.

14

- Onko torilla ihmisiä?
- Kyllä. Torilla on muutama ihminen.

14

- Sind Menschen auf dem Platz?
- Ja, auf dem Platz sind ein paar Menschen.

15

- Onko kahvilan edessä pyöriä?
- Kyllä siellä on. Kahvilan edessä on neljä pyörää. Ne eivät ole uusia.

15

- Stehen Fahrräder vor dem Café?
- Ja, es stehen vier Fahrräder vor dem Café. Sie sind nicht neu.

16

- Onko tällä kadulla hotellia?
- Ei ole. Tällä kadulla ei ole hotelleja.

16

- Gibt es in dieser Straße ein Hotel?
- Nein, es gibt keine Hotels in dieser Straße.

17

- Onko tällä kadulla yhtään isoja kauppoja?
- Ei ole. Tällä kadulla ei ole isoja kauppoja.

17

- Gibt es in dieser Straße große Läden?
- Nein, es gibt keine großen Läden in dieser Straße.

18

- Onko USAssa maatiloja?
- Kyllä siellä on. USAssa on paljon maatiloja.

18

- Gibt es in den USA Bauernhöfe?
- Ja, es gibt viele Bauernhöfe in den USA.

19

- Onko tässä huoneessa huonekaluja?
- Kyllä siellä on. Siellä on neljä pöytää ja muutama tuoli.

19

- Sind Möbel in diesem Zimmer?
- Ja, es sind dort vier Tische und einige Stühle.

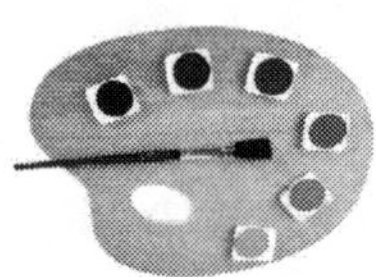

6

Robertilla on monta ystävää

Robert hat viele Freunde

A

Sanat

Vokabeln

1. alla - unter
2. auto - das Auto
3. CD - die CD
4. Davidin kirja - Davids Buch
5. isä - der Vater
6. jonnekin - in
7. kahvi - der Kaffee
8. liesi, hella - der Herd
9. monta - viele
10. ovi - die Tür
11. paljon - viel
12. puhdas - sauber
13. samoin, myös - auch
14. tietää, tuntea - kennen, wissen
15. tietokone - der Computer
16. toimisto - die Agentur
17. tulla / mennä - kommen / gehen
18. työ - die Arbeit; olla paljon töitä / työtä - viel zu tun haben
19. työ, työpaikka - die Arbeit
20. työvoimatoimisto - die Arbeitsvermittlung
21. vapaa - frei; vapaa-aika - die Freizeit, freie Zeit
22. ystävä - der Freund

B

Robertilla on monta ystävää

1

Robertilla on monta ystävää. Robertin ystävät menevät kahvilaan. He pitävät kahvin juomisesta. Robertin ystävät juovat paljon kahvia.

2

Paulin isällä on auto. Hänen isänsä auto on puhdas, mutta vanha. Paulin isä ajaa paljon. Hänellä on hyvä työpaikka ja hänellä on tällä hetkellä paljon töitä.

3

Davidilla on paljon CD:eitä. Davidin CD:t ovat hänen sängyllään. Davidin CD- soitin on myös hänen sängyllään.

4

Robert lukee amerikkalaisia sanomalehtiä. Robertin huoneessa olevalla pöydällä on monta sanomalehteä.

5

Nancylla on kissa ja koira. Nancyn kissa on hänen huoneessaan sängyn alla. Nancyn koira on myös hänen huoneessaan.

6

Autossa on mies. Miehellä on kartta. Miehen kartta on iso. Tämä mies ajaa paljon.

7

Minä olen opiskelija. Minulla on paljon vapaa-aikaa. Minä menen työvoimatoimistoon. Minä tarvitsen hyvän työn.

8

Paulilla ja Robertilla on hiukan vapaa- aikaa. Myös he menevät työvoimatoimistoon. Paulilla on tietokone. Työvoimatoimisto saattaa antaa Paulille hyvän työn.

9

Lindalla on uusi liesi. Lindan liesi on hyvä ja puhdas. Linda valmistaa aamupalaa lapsilleen. Nancy ja David ovat Lindan lapsia. Lindan lapset juovat paljon teetä. Heidän äitinsä juo vähän kahvia. Nancyn äiti osaa puhua vain muutaman sanan saksaa. Hän puhuu saksaa todella vähän. Lindalla on työpaikka. Hänellä on vähän vapaa- aikaa.

10

Robert osaa puhua vähän englantia. Hän tietää vain muutaman sanan englantia. Minä tiedän paljon

Robert hat viele Freunde

1

Robert hat viele Freunde. Roberts Freunde gehen ins Café. Sie trinken gerne Kaffee. Roberts Freunde trinken viel Kaffee.

2

Pauls Vater hat ein Auto. Das Auto seines Vaters ist sauber, aber alt. Pauls Vater fährt viel Auto. Er hat eine gute Arbeit und im Moment viel zu tun.

3

David hat viele CDs. Davids CDs liegen auf seinem Bett. Davids CD- Spieler ist auch auf seinem Bett.

4

Robert liest amerikanische Zeitungen. Auf dem Tisch in Roberts Zimmer liegen viele Zeitungen.

5

Nancy hat eine Katze und einen Hund. Nancys Katze ist im Zimmer unter dem Bett. Nancys Hund ist auch im Zimmer.

6

In dem Auto ist ein Mann. Der Mann hat eine Karte. Die Karte des Mannes ist groß. Dieser Mann fährt viel Auto.

7

Ich bin Student. Ich habe viel Freizeit. Ich gehe zu einer Arbeitsvermittlung. Ich brauche einen guten Job.

8

Paul und Robert haben ein bisschen freie Zeit. Sie gehen auch zu der Arbeitsvermittlung. Paul hat einen Computer. Die Agentur wird ihm vielleicht eine gute Arbeit geben.

9

Linda hat einen neuen Herd. Lindas Herd ist gut und sauber. Linda macht Frühstück für ihre Kinder. Nancy und David sind Lindas Kinder. Lindas Kinder trinken viel Tee. Die Mutter trinkt ein bisschen Kaffee. Nancys Mutter kann nur ein paar Wörter auf Deutsch. Sie spricht sehr wenig Deutsch. Linda hat Arbeit. Sie hat wenig Freizeit.

10

Robert spricht wenig Englisch. Er kennt nur sehr wenige englische Wörter. Ich kenne viele

englanninkielisiä sanoja. Minä osaan puhua hieman englantia. Tämä nainen tietää paljon englanninkielisiä sanoja. Hän osaa puhua hyvin englantia.

englische Wörter. Ich spreche ein bisschen Englisch. Diese Frau kennt viele englische Wörter. Sie spricht gut Englisch.

11

George työskentelee työvoimatoimistossa. Tämä työvoimatoimisto on San Franciscossa. Georgella on auto. Georgen auto on kadulla. Georgella on paljon töitä. Hänen täytyy mennä toimistolle. Hän ajaa sinne. George tulee toimistolle. Siellä on paljon opiskelijoita. He tarvitsevat työtä. Georgen työ on auttaa opiskelijoita.

11

George arbeitet in einer Arbeitsvermittlung. Diese Arbeitsvermittlung ist in San Francisco. George hat ein Auto. Georges Auto steht an der Straße. George hat viel Arbeit. Er muss in die Agentur gehen. Er fährt mit dem Auto dorthin. George kommt in die Agentur. Dort sind viele Studenten. Sie brauchen Arbeit. Georges Arbeit ist, den Studenten zu helfen.

12

Hotellin edessä on auto. Tämän auton ovet eivät ole puhtaat. Tässä hotellissa asuu monia opiskelijoita. Hotellin huoneet ovat pieniä, mutta puhtaita. Tämä on Robertin huone. Huoneen ikkuna on iso ja puhdas.

12

Vor dem Hotel steht ein Auto. Die Türen des Autos sind nicht sauber. In diesem Hotel wohnen viele Studenten. Die Zimmer des Hotels sind klein, aber sauber. Das ist Roberts Zimmer. Das Fenster des Zimmers ist groß und sauber.

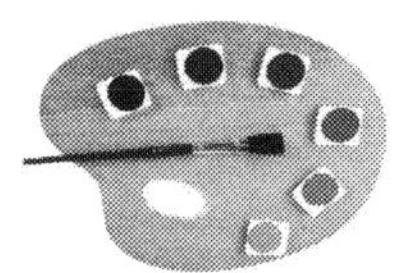

7

David ostaa polkupyörän
David kauft ein Fahrrad

A

Sanat
Vokabeln

1. aamu - der Morgen
2. aika - die Zeit
3. ajaa pyörällä - Fahrrad fahren, mit dem Fahrrad fahren
4. bussi, linja-auto - der Bus; mennä bussilla / mennä linja-autolla - mit dem Bus fahren
5. (jonkun) kanssa - mit
6. jono - die Schlange
7. kasvot (pl.) - das Gesicht
8. kaupungin keskusta - das Stadtzentrum
9. keittiö - die Küche
10. keskusta - das Zentrum
11. koti - das Zuhause; mennä kotiin - nach Hause gehen
12. kylpyamme - die Badewanne
13. kylpyhuone - das Bad, das Badezimmer
14. kylpyhuoneen pöytä - der Badezimmertisch
15. lauantai - der Samstag
16. pestä - waschen
17. pyykkikone, pesukone - die Waschmaschine
18. sitten - dann; sen jälkeen - danach
19. tänään - heute
20. tehdä, valmistaa - machen; kahvinkeitin - die Kaffeemaschine
21. toimisto - das Büro
22. työntekijä - der Arbeiter
23. urheilu - der Sport; urheilukauppa - das Sportgeschäft
24. urheilupyörä - das Sportfahrrad
25. välipala - der Imbiss
26. yksi kerrallaan - einer nach dem anderen
27. yritykset - die Firmen
28. yritys - die Firma

B

David ostaa polkupyörän

David kauft ein Fahrrad

On lauantaiaamu. David menee kylpyyn. Kylpyhuone ei ole iso. Siellä on kylpyamme, pyykkikone ja pöytä. David pesee kasvonsa. Sitten hän menee keittiöön. Keittiön pöydällä on teenkeitin. David syö aamiaisensa. Davidin aamiainen ei ole iso. Sitten hän keittää kahvia kahvinkeittimellä ja juo sen. Hän haluaa mennä tänään urheilukauppaan. David menee kadulle. Hän ottaa bussin numero seitsemän. Davidilla menee hetki aikaa mennä bussilla kauppaan.
David menee urheilukauppaan. Hän haluaa ostaa uuden urheilupyörän. Siellä on paljon urheilupyöriä. Ne ovat mustia, sinisiä ja vihreitä. David pitää sinisistä pyöristä. Hän haluaa ostaa sinisen pyörän. Kaupassa on jonoa. Davidilla kestää kauan ostaa pyörä. Sitten hän menee kadulle ja ajaa pyörällä. Hän ajaa kaupungin keskustaan. Sitten hän ajaa kaupungin keskustasta kaupungin puistoon. On niin mukavaa ajaa uudella urheilupyörällä!

Es ist Samstagmorgen. David geht ins Bad. Das Badezimmer ist nicht groß. Dort gibt es eine Badewanne, eine Waschmaschine und einen Badezimmertisch. David wäscht sich das Gesicht. Dann geht er in die Küche. Auf dem Küchentisch steht ein Teekessel. David frühstückt. Davids Frühstück ist nicht groß. Dann macht er Kaffee mit der Kaffeemaschine und trinkt ihn. Er will heute in ein Sportgeschäft. David geht auf die Straße. Er nimmt den Bus 7. David braucht nicht lange, um mit dem Bus zum Laden zu fahren.
David geht in das Sportgeschäft. Er will sich ein neues Sportfahrrad kaufen. Es gibt viele Sportfahrräder. Sie sind schwarz, blau und grün. David mag blaue Fahrräder. Er will ein blaues kaufen. Im Laden ist eine Schlange. David braucht lange, um das Fahrrad zu kaufen. Dann geht er auf die Straße und fährt mit dem Fahrrad. Er fährt ins Stadtzentrum. Dann fährt er vom Zentrum in den Stadtpark. Es ist so schön, mit einem neuen Sportfahrrad zu fahren!

On lauantaiaamu, mutta George on toimistollaan. Hänellä on paljon töitä tänään. Georgen toimiston oven edessä on jonoa. Jonossa on monta opiskeljaa ja työntekijää. He tarvitsevat työtä. He menevät yksi kerrallaan Georgen toimistoon. He puhuvat Georgen kanssa. Sitten hän antaa heille yrityksien osoitteita.
Nyt on välipalan aika. George keittää kahvia kahvinkeittimellä. Hän syö välipalansa ja juo kahvia. Nyt hänen toimistonsa oven edessä ei ole enää jonoa. George voi mennä kotiin. Hän menee kadulle. On niin kaunis päivä! George menee kotiin. Hän hakee lapsensa ja menee kaupungin puistoon. Siellä he pitävät hauskaa.

Es ist Samstagmorgen, aber George ist in seinem Büro. Er hat heute viel zu tun. Vor Georges Büro ist eine Schlange. In der Schlange stehen viele Studenten und Arbeiter. Sie brauchen Arbeit. Sie gehen einer nach dem anderen in Georges Büro. Sie sprechen mit George. Dann gibt er ihnen Adressen von Firmen.
Jetzt ist Zeit für einen Imbiss. George macht Kaffee mit der Kaffeemaschine. Er isst seinen Imbiss und trinkt Kaffee. Jetzt ist keine Schlange mehr vor seinem Büro. George kann nach Hause gehen. Er geht auf die Straße. Es ist so ein schöner Tag! George geht nach Hause. Er holt seine Kinder ab und geht in den Stadtpark. Dort haben sie eine schöne Zeit.

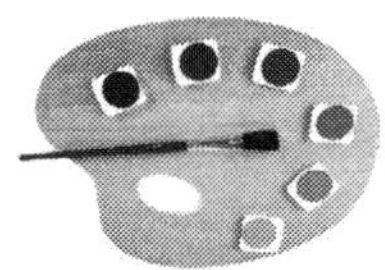

8

Linda haluaa ostaa uuden DVD:n

Linda will eine neue DVD kaufen

Sanat

Vokabeln

1. antaa - geben
2. DVD - die DVD
3. elokuva - der Film
4. että - dass; Tiedän, että tämä kirja on mielenkiintoinen. - Ich weiß, dass dieses Buch interessant ist.
5. kaksikymmentä - zwanzig
6. kestää - dauern; Elokuva kestää yli kolme tuntia. - Der Film dauert mehr als 3 Stunden.
7. kuin - als; George on vanhempi kuin Linda. - George ist älter als Linda.
8. kuppi - die Tasse
9. kysyä, pyytää - bitten, fragen
10. laatikko - die Kiste
11. lähteä - weggehen
12. lempi-, mieli-, suosikki- - Lieblings-; lempielokuva, mielielokuva, suosikkielokuva - der Lieblingsfilm
13. lisää, enemmän - mehr
14. mielenkiintoinen - interessant
15. myyjä - der Verkäufer, die Verkäuferin
16. näyttää - zeigen
17. nuori - jung

18. pitkä - lang
19. sanoa - sagen
20. seikkailu - das Abenteuer
21. suuri, suurempi, suurin - groß / größer / am größten
22. tunti - die Stunde
23. videokasetti - die Videokassette
24. videokauppa - die Videothek
25. viisitoista - fünfzehn
26. ystävällinen - freundlich

Linda haluaa ostaa uuden DVD:n

David ja Nancy ovat Lindan lapsia. Nancy on nuorin lapsi. Hän on viisi vuotta vanha. David on viisitoista vuotta vanhempi kuin Nancy. Hän on kaksikymmentä. Nancy on paljon nuorempi kuin David.
Nancy, Linda ja David ovat keittiössä. He juovat teetä. Nancyn kuppi on suuri. Lindan kuppi on suurempi. Davidin kuppi on suurin.
Lindalla on paljon videokasetteja ja DVD:itä, joilla on mielenkiintoisia elokuvia. Hän haluaa ostaa uudemman elokuvan. Hän menee videokauppaan. Siellä on monta laatikkoa videokasetteja ja DVD:itä. Hän pyytää myyjää auttamaan häntä. Myyjä antaa Lindalle joitakin elokuvia. Linda haluaa tietää enemmän näistä elokuvista, mutta myyjä lähtee pois. Kaupassa on toinen myyjä ja hän on ystävällisempi. Hän kysyy Lindalta hänen lempielokuvistaan. Linda pitää romanttisista elokuvista ja seikkailuelokuvista. Elokuva "Titanic" on hänen lempielokuvansa. Myyjä näyttää Lindalle DVD:tä, jolla on uusin Hollywoodelokuva "Saksalainen ystävä". Se kertoo erään miehen ja erään nuoren naisen romanttisesta seikkailusta USA:ssa.
Hän näyttää Lindalle myös DVD:tä, jolla on elokuva "Yritys". Myyjä sanoo, että elokuva "Yritys" on yksi mielenkiintoisimmista elokuvista. Ja se on myös yksi pisimmistä elokuvista. Se kestää yli kolme tuntia. Linda pitää pitkistä elokuvista. Hän sanoo, että "Titanic" on pisin ja mielenkiintoisin elokuva, joka hänellä on. Linda ostaa DVD:n, jolla on elokuva "Yritys". Hän kiittää myyjää ja lähtee.

Linda will eine neue DVD kaufen

David und Nancy sind Lindas Kinder. Nancy ist die Jüngste. Sie ist fünf. David ist fünfzehn Jahre älter als Nancy. Er ist zwanzig. Nancy ist viel jünger als David.
Nancy, Linda und David sind in der Küche. Sie trinken Tee. Nancys Tasse ist groß. Lindas Tasse ist größer. Davids Tasse ist am größten.
Linda hat viele Videokassetten und DVDs mit interessanten Filmen. Sie will einen neueren Film kaufen. Sie geht in eine Videothek. Dort sind viele Kisten mit Videokassetten und DVDs. Sie bittet einen Verkäufer, ihr zu helfen. Der Verkäufer gibt Linda ein paar Filme. Linda will mehr über diese Filme wissen, aber der Verkäufer geht weg.
Es gibt eine andere Verkäuferin im Laden und sie ist freundlicher. Sie fragt Linda nach ihren Lieblingsfilmen. Linda mag romantische Filme und Abenteuerfilme. Der Film „Titanic" ist ihr Lieblingsfilm. Die Verkäuferin zeigt Linda eine DVD mit dem neusten Hollywoodfilm „Der deutsche Freund". Er handelt von den romantischen Abenteuern eines Mannes und einer jungen Frau in den USA.
Sie zeigt Linda auch eine DVD mit dem Film „Die Firma". Die Verkäuferin sagt, dass der Film „Die Firma" einer der interessantesten Filme ist. Und auch einer der längsten. Er dauert mehr als drei Stunden. Linda mag längere Filme. Sie sagt, dass „Titanic" der interessanteste und der längste Film ist, den sie hat. Linda kauft die DVD mit dem Film „Die Firma". Sie bedankt sich bei der Verkäuferin und geht.

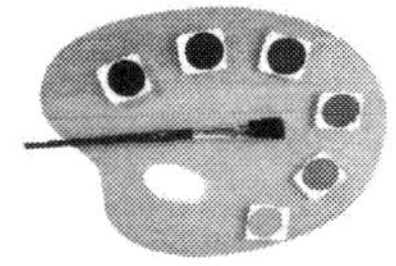

9

Paul kuuntelee saksalaista musiikkia

Paul hört deutsche Musik

A

Sanat

Vokabeln

1. aloittaa, alkaa - anfangen
2. ennen - vor
3. hattu - der Hut
4. hävettää - sich schämen; häntä hävettää - er schämt sich
5. huutaa, kutsua, soittaa (puhelimella) - rufen, anrufen; puhelinkeskus - das Callcenter
6. hypätä - springen; hyppy - der Sprung
7. hyvin, erittäin - sehr
8. joka, jokainen - jeder, jede, jedes
9. juosta, hölkätä, lenkkeillä - rennen, joggen, laufen
10. koska - weil
11. läheisyys - die Nähe
12. lähellä - in der Nähe
13. laukku - die Tasche
14. laulaa - singen; laulaja - der Sänger
15. lause - der Satz
16. leipä - das Brot
17. minuutti - die Minute
18. nimi, nimittää - der Name, nennen
19. noin - etwa

20. opiskelija-asuntola - das Studentenwohnheim
21. pää - der Kopf
22. päivä - der Tag
23. perhe - die Familie
24. pitää - gefallen; Minä pidän siitä. - Das gefällt mir.
25. pois(sa) käytöstä - außer Betrieb
26. puhelin - das Telefon; soittaa (puhelimella) - telefonieren
27. soittaa puhelimella - anrufen
28. suunnata, mennä - gehen
29. voi - die Butter
30. yksinkertainen - einfach

Paul kuuntelee saksalaista musiikkia

Carol on opiskelija. Hän on kaksikymmentä vuotta vanha. Carol on Espanjasta. Hän asuu opiskelija-asuntolassa. Hän on hyvin mukava tyttö. Carolilla on päällään sininen mekko. Päässään hänellä on hattu. Carol haluaa soittaa tänään perheelleen. Hän menee puhelinkeskukseen, koska hänen puhelimensa ei ole käytössä. Puhelinkeskus on kahvilan edessä. Carol soittaa perheelleen. Hän puhuu äitinsä ja isänsä kanssa. Puhelu kestää noin viisi minuuttia. Sitten hän soittaa ystävälleen Angelalle. Tämä puhelu kestää noin kolme minuuttia.

Robert pitää urheilusta. Hän menee joka aamu hölkkäämään puistoon lähellä opiskelija- asuntolaa. Hän juoksee myös tänään. Hän hyppii myös. Hänen hyppynsä ovat hyvin pitkiä. Paul ja David ovat juoksemassa ja hyppimässä Robertin kanssa. Davidin hypyt ovat pidempiä. Paulin hypyt ovat pisimpiä. Hän hyppii kaikista parhaiten. Sitten Robert ja Paul juoksevat opiskelija- asuntolaan ja David juoksee kotiin.
Robert syö aamiaista huoneessaan. Hän hakee leipää ja voita. Hän keittää kahvia kahvinkeittimellä. Sitten hän voitelee leivän ja syö.
Robert asuu opiskelija- asuntolassa San Franciscossa. Hänen huoneensa on lähellä Paulin huonetta. Robertin huone ei ole suuri. Se on siisti, koska Robert siivoaa sen joka päivä. Hänen huoneessaan on pöytä, sänky, joitain tuoleja ja joitain muita huonekaluja. Robertin kirjat ja muistikirjat ovat pöydällä. Hänen laukkunsa on pöydän alla. Tuolit ovat pöydän ääressä. Robert ottaa joitain CD:eitä käsiinsä ja menee Paulin huoneeseen, koska Paul haluaa kuunnella saksalaista musiikkia.

Paul hört deutsche Musik

Carol ist Studentin. Sie ist zwanzig. Carol kommt aus Spanien. Sie wohnt im Studentenwohnheim. Sie ist ein sehr nettes Mädchen. Carol hat ein blaues Kleid an. Auf dem Kopf hat sie einen Hut.
Carol will heute ihre Familie anrufen. Sie geht ins Callcenter, weil ihr Telefon außer Betrieb ist. Das Callcenter ist vor dem Café. Carol ruft ihre Familie an. Sie spricht mit ihrer Mutter und ihrem Vater. Der Anruf dauert etwa fünf Minuten. Dann ruft sie ihre Freundin Angela an. Dieser Anruf dauert etwa drei Minuten.

Robert mag Sport. Er geht jeden Morgen im Park in der Nähe des Studentenwohnheims joggen. Heute läuft er auch. Er springt auch. Er springt sehr weit. Paul und David laufen und springen mit Robert. David springt weiter. Paul springt am weitesten. Er springt am besten von allen. Dann laufen Robert und Paul zum Studentenwohnheim und David nach Hause.
Robert frühstückt in seinem Zimmer. Er holt Brot und Butter. Er macht Kaffee mit der Kaffeemaschine. Dann bestreicht er das Brot mit Butter und isst.
Robert wohnt im Studentenwohnheim in San Francisco. Sein Zimmer ist in der Nähe von Pauls Zimmer. Roberts Zimmer ist nicht groß. Es ist sauber, weil Robert es jeden Tag sauber macht. In seinem Zimmer stehen ein Tisch, ein Bett, ein paar Stühle und ein paar andere Möbel. Roberts Bücher und Notizbücher liegen auf dem Tisch. Seine Tasche ist unter dem Tisch. Die Stühle stehen am Tisch. Robert nimmt ein paar CDs in die Hand und geht zu Pauls Zimmer, weil Paul deutsche Musik hören will. Paul sitzt in seinem Zimmer am Tisch. Seine Katze

Paul istuu huoneessaan pöydän ääressä. Hänen kissansa on pöydän alla. Kissan edessä on vähän leipää. Kissa syö leivän. Robert antaa CD:t Paulille. CD:eillä on parasta saksalaista musiikkia. Paul haluaa myös tietää saksalaisten laulajien nimet. Robert nimeää suosikkilaulajansa. Hän nimeää Jan Delayn, Nenan ja Herbert Grönemeyerin. Nämä nimet ovat uusia Paulille.
Hän kuuntelee CD:eitä ja alkaa sitten laulaa saksalaisia lauluja! Hän pitää näistä lauluista hyvin paljon. Paul pyytää Robertia kirjoittamaan laulujen sanat. Robert kirjoittaa Paulille parhaimpien saksalaisten laulujen sanat. Paul sanoo, että hän haluaa oppia joidenkin laulujen sanat ja pyytää Robertia auttamaan. Robert auttaa Paulia oppimaan saksalaisia tekstejä. Siinä kestää kauan, koska Robert ei osaa puhua hyvin englantia. Robertia hävettää. Hän ei osaa sanoa joitain yksinkertaisia lauseita! Sitten Robert menee huoneeseensa ja opettelee englantia.

ist unter dem Tisch. Vor der Katze liegt etwas Brot. Die Katze isst das Brot. Robert gibt Paul die CDs. Auf den CDs ist die beste deutsche Musik. Paul will auch die Namen der deutschen Sänger wissen. Robert nennt seine Lieblingssänger. Er nennt Jan Delay, Nena und Herbert Grönemeyer. Diese Namen sind Paul neu.
Er hört die CDs an und beginnt dann, die deutschen Lieder zu singen! Ihm gefallen die Lieder sehr. Paul bittet Robert, den Text der Lieder aufzuschreiben. Robert schreibt die Texte der besten deutschen Lieder für Paul auf. Paul sagt, dass er die Texte von ein paar Liedern lernen will, und bittet Robert um Hilfe. Robert hilft Paul, die deutschen Texte zu lernen. Es dauert sehr lange, weil Robert nicht gut Englisch spricht. Robert schämt sich. Er kann nicht einmal ein paar einfache Sätze sagen! Dann geht Robert in sein Zimmer und lernt Englisch.

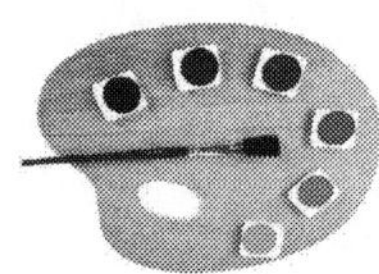

10

Paul ostaa suunnittelua käsitteleviä oppikirjoja
Paul kauft Fachbücher über Design

Sanat
Vokabeln

1. äidinkieli - die Muttersprache
2. häntä - ihm
3. hei, hei sitten, hei vaan, "heippa" - tschüss; hei, moi, terve - hallo
4. hieno, hyvä - gut
5. katsoa - schauen, betrachten
6. kieli - die Sprache
7. korkeakoulu, yliopisto - die Universität, die Uni
8. kuva - das Foto
9. laji, tyyppi - die Art
10. läksy, harjoitus - die Aufgabe, die Lektion
11. maksaa - zahlen; maksaa, olla hinta - kosten
12. mitään - irgendwelche
13. nähdä - sehen
14. ohjelma - das Programm
15. opiskella - studieren
16. oppikirja - das Fachbuch
17. selittää - erklären
18. suunnittelu - das Design
19. todella - wirklich
20. vain - nur
21. valita - wählen, aussuchen

B

Paul ostaa suunnittelua käsitteleviä oppikirjoja

Paul on kanadalainen ja englanti on hänen äidinkielensä. Hän opiskelee suunnittelua yliopistossa San Franciscossa.
Tänään on lauantai ja Paulilla on paljon vapaa-aikaa. Hän haluaa ostaa muutamia suunnittelua käsitteleviä kirjoja. Hän menee lähellä olevaan kirjakauppaan. Heillä saattaisi olla joitain suunnittelua käsitteleviä oppikirjoja. Hän saapuu kirjakauppaan ja katsoo pöytiä, joilla on kirjoja. Eräs nainen tulee Paulin luokse. Hän on myymäläapulainen.
”Hei. Voinko minä auttaa sinua?” myymäläapulainen kysyy häneltä.
”Hei”, Paul sanoo. ”Minä opiskelen suunnittelua yliopistossa. Tarvitsen muutamia oppikirjoja. Onko teillä mitään suunnittelua käsitteleviä oppikirjoja?” Paul kysyy häneltä.
”Minkälaisesta suunnittelusta? Meillä on huonekalusuunnittelua, autosuunnittelua, urheilusuunnittelua tai internetsuunnittelua käsitteleviä oppikirjoja”, hän selittää Paulille.
”Voitko näyttää minulle muutamia huonekalusuunnittelua ja internetsuunnittelua käsitteleviä oppikirjoja?” Paul kysyy.
”Sinä voit etsiä kirjoja viereisiltä pöydiltä. Ole hyvä ja katso niitä. Tämä kirja on italialaiselta huonekalusuunnittelijalta Palatinolta. Tämä suunnittelija selittää italialaisten huonekalujen suunnittelusta. Hän selittää myös eurooppalaisesta ja amerikkalaisesta huonekalusuunnittelusta. Siellä on joitain hienoja kuvia”, myymäläapulainen selittää.
”Minä huomaan, että kirjassa on myös joitain harjoituksia. Tämä kirja on todella hyvä. Kuinka paljon se maksaa?” Paul kysyy häneltä.
”Se maksaa 52 dollaria. Ja kirjan mukana tulee CD. CD:llä on tietokoneohjelma huonekalusuunnittelusta”, myymäläapulainen sanoo hänelle.
”Minä todella pidän siitä”, Paul sanoo.
”Tuolla voit katsella muutamia internetsuunnittelua käsitteleviä oppikirjoja”, nainen selittää hänelle. ”Tämä kirja on tietokone- ohjelma Microsoft Officesta. Nämä kirjat ovat tietokoneohjelma Flashista. Ole hyvä ja katso tätä punaista kirjaa. Se kertoo Flashista ja siinä on mielenkiintoisia opetuksia. Valitse näistä, ole hyvä.”
”Kuinka paljon tämä punainen kirja maksaa?” Paul kysyy häneltä.

Paul kauft Fachbücher über Design

Paul ist Kanadier und seine Muttersprache ist Englisch. Er studiert Design an der Universität in San Francisco.
Heute ist Samstag und Paul hat viel Freizeit. Er will ein paar Bücher über Design kaufen. Er geht zum Buchladen in der Nähe. Der könnte Fachbücher über Design haben. Er kommt in den Laden und betrachtet den Tisch mit Büchern. Eine Frau kommt zu Paul. Sie ist eine Verkäuferin.
„Hallo, kann ich Ihnen helfen?“, fragt ihn die Verkäuferin.
„Hallo“, sagt Paul. „Ich studiere Design an der Universität. Ich brauche ein paar Fachbücher. Haben Sie irgendwelche Fachbücher über Design?“, fragt Paul.
„Welche Art von Design? Wir haben Fachbücher über Möbeldesign, Autodesign, Sportdesign oder Internetdesign“, erklärt sie ihm.
„Können Sie mir Fachbücher über Möbeldesign und Internetdesign zeigen?“, fragt Paul.
„Sie können sich Bücher von den nächsten Tischen aussuchen. Schauen Sie sie sich an. Dies ist ein Buch von dem italienischen Möbeldesigner Palatino. Dieser Designer erklärt das Design italienischer Möbel. Er erklärt auch europäisches und amerikanisches Möbeldesign. In dem Buch sind einige gute Bilder“, erklärt die Verkäuferin.
„Ich sehe, dass das Buch auch Aufgaben enthält. Dieses Buch ist wirklich gut. Wie viel kostet es?“, fragt Paul.
„Es kostet zweiundfünfzig Dollar. Und mit dem Buch kommt eine CD. Auf der CD ist ein Computerprogramm für Möbeldesign“, sagt die Verkäuferin.
„Das gefällt mir wirklich“, sagt Paul.
„Dort können Sie sich ein paar Fachbücher über Internetdesign anschauen“, erklärt ihm die Frau. „Dieses Buch ist über das Computerprogramm Microsoft Office. Und diese Bücher sind über das Computerprogramm Flash. Schauen Sie sich dieses rote Buch an. Es ist über Flash und es enthält einige interessante Lektionen. Suchen Sie sich eins aus.“
„Wie viel kostet das rote Buch?“, fragt Paul.
„Dieses Buch mit zwei CDs kostet nur

”Tämä kirja, kahden CD:n kanssa, maksaa vain 43 dollaria”, myymäläapulainen sanoo hänelle.
”Minä haluaisin ostaa tämän Palatinon kirjoittaman kirjan huonekalusuunnittelusta ja tämän punaisen kirjan Flashista. Kuinka paljon minun pitää maksaa niistä?”Paul kysyy.
”Sinun pitää maksaa 95 dollaria näistä kahdesta kirjasta”, myymäläapulainen sanoo hänelle.
Paul maksaa. Sitten hän ottaa kirjat ja CD:t.
”Heippa”, myymäläapulainen sanoo hänelle.
”Heippa”, Paul sanoo ja lähtee.

dreiundvierzig Dollar“, sagt die Verkäuferin.
„Ich möchte das Buch von Palatino über Möbeldesign und das rote Buch über Flash kaufen. Wie viel muss ich dafür zahlen?“, fragt Paul.
„Sie müssen fünfundneunzig Dollar für diese zwei Bücher zahlen“, sagt die Verkäuferin.
Paul zahlt. Dann nimmt er die Bücher und die CDs.
„Tschüss“, sagt die Verkäuferin zu ihm.
„Tschüss“, sagt Paul und geht.

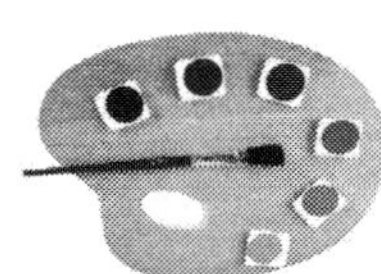

11

Robert haluaa tienata vähän rahaa (osa 1)

Robert will ein bisschen Geld verdienen (Teil 1)

A

Sanat

Vokabeln

1. ansaita, tienata - verdienen; Minä tienaan 10 dollaria tunnissa. - Ich verdiene zehn Dollar pro Stunde.
2. energia - die Energie
3. henkilöstöosasto - die Personalabteilung
4. jälkeen - nach
5. jatkuu - Fortsetzung folgt
6. kello - die Uhr; Kello on kaksi. - Es ist zwei Uhr.
7. kuljetus - der Transport
8. kuorma-auto - der Lastwagen
9. laatikko - die Kiste
10. lastatat - beladen; lastaaja, kuormaaja - der Verlader
11. lista - die Liste
12. loppu - das Ende; lopettaa, päättää - beenden
13. muistiinpano, kirjelappu, muistio - die Notiz
14. nopea, nopeasti - schnell
15. numero - die Nummer
16. ok, selvä, selvä juttu, selvän teki - gut, alles klar
17. osa - der Teil

18. päivä - der Tag; päivittäin - täglich, jeden Tag
19. parempi - besser
20. raskas, vaikea - schwer
21. tunti - die Stunde; tunneittain, joka tunti - stündlich
22. vastata; vastaus - antworten, erwidern, die Antwort
23. yksi lisää, yksi vielä - noch einen
24. yleensä - normalerweise
25. yleinen - normal
26. ymmärtää, käsittää - verstehen

Robert haluaa tienata vähän rahaa (osa 1)

Robertilla on päivittäin vapaa- aikaa yliopiston jälkeen. Hän haluaa tienata vähän rahaa. Hän suuntaa työvoimatoimistoon. He antavat hänelle kuljetusyrityksen osoitteen. Kuljetusyritys Vikkelä tarvitsee lastaajaa. Tämä työ on todella raskasta. Mutta he maksavat 11 dollaria tunnilta. Robert haluaa ottaa tämän työn. Niinpä hän menee kuljetusyrityksen toimistolle.
”Hei. Minulla on teille viesti työvoimatoimistolta”, Robert sanoo naiselle yrityksen henkilöstöosastolla. Hän antaa viestin naiselle.
”Hei”, nainen sanoo. ”Minun nimeni on Margaret Lintu. Minä olen henkilöstöosaston johtaja. Mikä sinun nimesi on?”
”Minun nimeni on Robert Genscher”, Robert sanoo.
”Oletko sinä amerikkalainen?” Margaret kysyy.
”En ole. Minä olen saksalainen”, Robert vastaa.
”Osaatko sinä puhua ja lukea hyvin englantia?” hän kysyy.
”Kyllä minä osaan”, hän sanoo.
”Kuinka vanha sinä olet?” hän kysyy.
”Minä olen kaksikymmentävuotias”, Robert vastaa.
”Haluatko työskennellä kuljetusyrityksessä lastaajana?” henkilöstöosaston johtaja kysyy häneltä.
Robertia hävettää sanoa, että hän ei voi saada parempaa työtä, koska hän ei osaa puhua hyvin englantia. Sen tähden hän sanoo: ”Haluan tienata 11 dollaria tunnilta.”
”Vai niin”, Margaret sanoo. ”Meidän kuljetusyrityksellämme ei ole yleensä paljon lastaustöitä. Mutta nyt me todella tarvitsemme yhden lastaajan lisää. Pystytkö sinä lastaamaan nopeasti laatikoita, joissa on lastia 20 kiloa?”
”Kyllä, minä pystyn. Minulla on paljon energiaa”,

Robert will ein bisschen Geld verdienen (Teil 1)

Robert hat jeden Tag nach der Universität freie Zeit. Er will ein bisschen Geld verdienen. Er geht in eine Arbeitsvermittlung. Sie geben ihm die Adresse einer Transportfirma. Die Transportfirma Rapid braucht einen Verlader. Diese Arbeit ist wirklich schwer. Aber sie bezahlen elf Dollar pro Stunde. Robert will den Job annehmen. Also geht er zum Büro der Transportfirma.

„Hallo. Ich habe eine Notiz für Sie von einer Arbeitsvermittlung“, sagt Robert zu einer Frau in der Personalabteilung der Firma. Er gibt ihr die Notiz.
„Hallo“, sagt die Frau. „Ich bin Margaret Bird. Ich bin die Leiterin der Personalabteilung. Wie heißen Sie?“
„Ich heiße Robert Genscher“, sagt Robert.

„Sind Sie Amerikaner?“, fragt Margaret.
„Nein, ich bin Deutscher“, antwortet Robert.
„Können Sie gut Englisch sprechen und schreiben?“, fragt sie.
„Ja“, sagt er.
„Wie alt sind Sie?“, fragt sie.
„Ich bin zwanzig“, antwortet Robert.
„Wollen Sie in der Transportfirma als Verlader arbeiten?“, fragt ihn die Leiterin der Personalabteilung.
Robert schämt sich, zu sagen, dass er keine bessere Arbeit haben kann, weil er nicht gut Englisch spricht. Deswegen sagt er: „Ich möchte elf Dollar pro Stunde verdienen.“
„Na gut“, sagt Margaret. „Normalerweise hat unsere Transportfirma nicht viel Verladearbeit. Aber gerade brauchen wir wirklich noch einen Verlader. Können Sie schnell Kisten mit zwanzig Kilogramm Ladung verladen?“
„Ja, das kann ich. Ich habe viel Energie“, antwortet

Robert vastaa.
”Me tarvitsemme lastaajan päivittäin kolmeksi tunniksi. Voitko sinä työskennellä kello neljästä kello seitsemään?” hän kysyy.
”Kyllä, minun oppituntini loppuvat kello yhdeltä”, opiskelija vastaa hänelle.
”Koska sinä voit aloittaa työt?” henkilöstöosaston päällikkö kysyy häneltä.
”Minä voin aloittaa heti”, Robert vastaa.
”Hyvä. Katso tätä lastauslistaa. Listalla on joidenkin yrityksien ja kauppojen nimiä”, Margaret selittää. ”Jokaisella yrityksellä ja kaupalla on joitain numeroita. Ne ovat laatikoiden numeroita. Nämä ovat kuorma-autojen numeroita, joihin sinun pitää lastata nämä laatikot. Kuorma-autot tulevat ja menevät tunneittain. Sinun pitää siis työskennellä nopeasti. Onko kaikki selvää?”
”Kaikki selvää”, Robert vastaa, ymmärtämättä Margaretia oikein hyvin.
”Ota nyt tämä lastauslista ja mene lastausovelle numero kolme”, henkilöstöosaston johtaja sanoo Robertille. Robert ottaa lastauslistan ja menee töihin.

(jatkuu)

Robert.
„Wir brauchen einen Verlader für drei Stunden täglich. Können Sie von vier bis sieben Uhr arbeiten?“, fragt sie.
„Ja, mein Unterricht endet um ein Uhr“, antwortet der Student.
„Wann können Sie anfangen, zu arbeiten?“, fragt ihn die Leiterin der Personalabteilung.
„Ich kann jetzt anfangen“, erwidert Robert.
„Gut. Schauen Sie sich diese Ladeliste an. Dort stehen Namen von Firmen und Läden“, erklärt Margaret. „Bei jeder Firma und jedem Laden stehen ein paar Nummern. Das sind die Nummern der Kisten. Und das sind die Nummern der Lastwägen, auf die Sie die Kisten laden müssen. Die Lastwägen kommen und gehen stündlich. Sie müssen also schnell arbeiten. Alles klar?“
„Alles klar“, antwortet Robert, ohne Margaret richtig zu verstehen.
„Nehmen Sie jetzt diese Ladeliste und gehen Sie zur Ladetür Nummer drei“, sagt die Leiterin der Personalabteilung zu Robert. Robert nimmt die Ladeliste und geht arbeiten.

(Fortsetzung folgt)

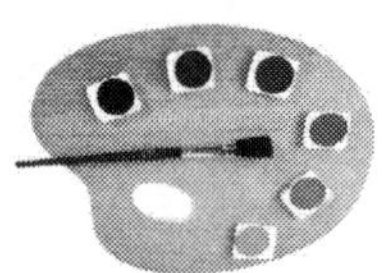

12

Robert haluaa tienata vähän rahaa (osa 2)

Robert will ein bisschen Geld verdienen (Teil 2)

Sanat

Vokabeln

1. äiti - Mama, die Mutter
2. ajaa - fahren
3. ajaja, kuljettaja - der Fahrer
4. heidän, niiden - ihr
5. herra, hra - Herr, Hr.
6. huono, paha - schlecht
7. iloinen - froh
8. jonkin sijasta / jonkin sijaan - anstelle von
9. kävellä - gehen
10. maanantai - der Montag
11. nousta ylös - aufstehen; Nouse ylös! - Steh auf!
12. oikea, oikein - richtig; korjata - korrigieren
13. olla pahoillaan - leid tun; Olen pahoillani. - Es tut mir leid.
14. opettaja - der Lehrer
15. poika - der Sohn
16. sinun sijastasi - an deiner Stelle
17. sinun, teidän - dein
18. syy - der Grund
19. täällä, tässä (paikka) - hier (Ort)
20. takaisin - zurück
21. tänne (suunta) - hierher (Richtung)

22. tässä on - hier ist
23. tavata - treffen, kennenlernen
24. tuoda - bringen
25. väärin - falsch
26. vihata - hassen

Robert haluaa tienata vähän rahaa (osa 2)

Lastausovella numero kolme on monta kuorma-autoa. Ne ovat tulossa tuomaan kuormansa takaisin. Henkilöstöosaston johtaja ja yrityksen johtaja tulevat sinne. He menevät Robertin luokse. Robert on lastaamassa laatikoita kuorma-autoon. Hän työskentelee nopeasti.
”Hei, Robert! Tule tänne, ole hyvä!” Margaret kutsuu häntä. ”Tämä on yrityksen johtaja, herra Tuotto.”
”Olen iloinen saadessani tavata teidät”, Robert sanoo tullessaan heidän luokseen.
”Sama täällä”, hra Tuotto vastaa. ”Missä on sinun lastauslistasi?”
”Se on tässä.” Robert antaa hänelle lastauslistan. ”Vai niin”, hra Tuotto sanoo katsoessaan listaa. ”Katso näitä kuorma-autoja. Ne tuovat kuormiansa takaisin, koska sinä lastasit laatikot väärin. Kirjalaatikot menivät huonekalukauppaan kirjakaupan sijasta, videokasetti- ja DVD- laatikot menivät kahvilaan videokaupan sijasta ja voileipälaatikot menivät videokauppaan kahvilan sijasta! Se on huonoa työtä! Olen pahoillani, mutta sinä et voi työskennellä meidän yrityksessämme”, hra Tuotto sanoo ja kävelee takaisin toimistoonsa.
Robert ei osaa lastata laatikoita oikein, koska hän lukee ja ymmärtää hyvin vähän englanninkielisiä sanoja. Margaret katsoo häneen. Robertia hävettää.
”Robert, sinä voit opetella paremmin englantia ja tulla sitten uudelleen, tehdäänkö niin?” Margaret sanoo.
”Selvä juttu”, Robert vastaa. ”Hei sitten Margaret.”
”Hei vaan Robert”, Margaret vastaa.
Robert kävelee kotiin. Hän haluaa oppia nyt paremmin englantia ja hakea sitten itselleen uuden työn.

Robert will ein bisschen Geld verdienen (Teil 2)

An der Ladetür Nummer 3 stehen viele Lastwagen. Sie kommen mit ihrer Ladung zurück. Die Leiterin der Personalabteilung und der Firmenchef kommen dorthin. Sie gehen zu Robert. Robert lädt Kisten in einen Lastwagen. Er arbeitet schnell.
„Hey Robert! Komm bitte hierher!“, ruft Margaret. „Das ist der Chef der Firma, Herr Profit.“
„Es freut mich, Sie kennenzulernen“, sagt Robert auf sie zugehend.
„Mich auch“, antwortet Hr. Profit. „Wo ist Ihre Ladeliste?“
„Hier ist sie.“ Robert gibt ihm die Ladeliste.
„Na gut“, sagt Hr. Profit, während er auf die Liste schaut. „Sehen Sie diese Lastwagen? Sie bringen ihre Fracht zurück, weil Sie die Kisten falsch verladen haben. Die Kisten mit Büchern werden zu einem Möbelladen gebracht anstelle von einem Buchladen, die Kisten mit Videos und DVDs zu einem Café anstelle von einer Videothek und die Kisten mit Sandwiches zu einer Videothek anstelle von einem Café! Das ist schlechte Arbeit! Es tut mir leid, aber Sie können nicht in unserer Firma arbeiten“, sagt Hr. Profit und geht zurück in sein Büro.
Robert kann die Kisten nicht richtig verladen, weil er nur sehr wenig Englisch lesen und verstehen kann. Margaret sieht ihn an. Robert schämt sich.
„Robert, du kannst dein Englisch verbessern und dann wiederkommen, ok?“, sagt Margaret.
„Ok“, antwortet Robert. „Tschüss Margaret“.
„Tschüss Robert“, antwortet Margaret.
Robert geht nach Hause. Er will jetzt sein Englisch verbessern und sich dann eine neue Arbeit suchen.

On aika mennä yliopistoon

Maanantaiaamuna äiti tulee huoneeseen herättämään poikansa.
”Nouse ylös, kello on seitsemän. On aika mennä yliopistoon!”

Es ist an der Zeit, in die Uni zu gehen

An einem Montagmorgen kommt eine Mutter ins Zimmer, um ihren Sohn aufzuwecken.
„Steh auf, es ist sieben Uhr. Es ist an der Zeit, in die Uni zu gehen!“

”Mutta miksi, äiti? Minä en halua mennä.”
”Kerro minulle kaksi syytä, miksi sinä et halua mennä”, äiti sanoo pojalleen.
”Ensinnäkin opiskelijat vihaavat minua ja opettajatkin vihaavat minua!”
”Voi, ne eivät ole syitä olla menemättä yliopistoon. Nouse ylös!”
”Ok. Kerro minulle kaksi syytä, miksi minun pitää mennä kouluun”, hän sanoo äidilleen.
”No, ensinnäkin, sinä olet 55-vuotias. Ja toiseksi, sinä olet yliopiston rehtori! Nouse nyt ylös!”

„Aber warum, Mama? Ich will nicht gehen.“
„Nenne mir zwei Gründe, warum du nicht gehen willst“, sagt die Mutter zu ihrem Sohn.
„Die Studenten hassen mich und die Lehrer auch!“
„Oh, das sind keine Gründe, um nicht in die Uni zu gehen. Steh auf!“
„Ok. Nenn mir zwei Gründe, warum ich in die Uni muss“, sagt er zu seiner Mutter.
„Gut, einerseits, weil du fünfundfünzig Jahre alt bist. Und andererseits, weil du der Direktor der Universität bist! Steh jetzt auf!“

* * *

Fortgeschrittene
Anfänger Stufe A2

13

Hotellin nimi

Der Name des Hotels

A

Sanat

1. alas - nach unten
2. avata, auki - öffnen
3. hissi - der Aufzug
4. hymy - das Lächeln
5. hymyillä - lächeln
6. ilta - der Abend
7. jalka - der Fuß
8. jalkaisin - zu Fuß
9. järvi - der See
10. jo - schon
11. kävellä - gehen
12. läpi - hindurch
13. löytää, etsiä - finden
14. mainos - die Werbung
15. nähdä - sehen
16. näyttää - zeigen
17. nukkua - schlafen
18. nyt - jetzt, zurzeit, gerade
19. ohi - vorbei
20. pois - weg
21. Puola - Polen
22. pysähtyä, pysäyttää - anhalten
23. seisoa - stehen
24. silta - die Brücke
25. sitten - dann
26. taksi - das Taxi
27. taksinkuljettaja - der Taxifahrer
28. tie, reitti - der Weg
29. toinen - ein anderer, eine andere, ein anderes
30. tyhmä - dumm
31. uudestaan, uudelleen, taas - wieder
32. väsynyt - müde
33. vihainen - wütend
34. yli, läpi - über
35. yllättää, yllättyä - überraschen
36. yllättynyt - überrascht, verwundert
37. yllätys - die Überraschung
38. ympäri - rund
39. yö - die Nacht

B

Hotellin nimi

Tämä on opiskelija. Hänen nimensä on Kasper. Kasper on Puolasta. Hän ei osaa puhua englantia. Hän haluaa oppia englantia yliopistossa USA:ssa. Kasper asuu nyt hotellissa San Franciscossa.
Hän on parhaillaan huoneessaan. Hän on katsomassa karttaa. Tämä kartta on erittäin hyvä. Kasper näkee kartalla katuja, aukioita ja kauppoja. Hän lähtee huoneesta ja menee pitkää käytävää pitkin hissille. Hissi vie hänet alas. Kasper menee ison aulan läpi ja ulos hotellista.
Hän pysähtyy hotellin lähellä ja kirjoittaa hotellin nimen muistikirjaansa.
Hotellin lähistöllä on pyöreä aukio ja järvi. Kasper menee aukion läpi järvelle. Hän kävelee järven ympäri sillalle. Sillan yli menee monta autoa, kuorma-autoa ja ihmistä. Kasper menee sillan alta. Sitten hän kävelee katua pitkin kaupungin keskustaan. Hän menee monen hienon rakennuksen ohi.
On jo ilta. Kasper on väsynyt ja hän haluaa mennä takaisin hotellille. Hän pysäyttää taksin, avaa muistikirjansa ja näyttää hotellin nimen taksinkuljettajalle. Taksinkuljettaja katsoo muistikirjaa, hymyilee ja ajaa pois. Kasper ei voi ymmärtää sitä. Hän seisoo ja katsoo muistikirjaansa. Sitten hän pysäyttää toisen taksin ja näyttää taas hotellin nimen taksinkuljettajalle. Kuljettaja katsoo muistikirjaa. Sitten hän katsoo Kasperia, hymyilee ja ajaa myös pois.
Kasper on yllättynyt. Hän pysäyttää toisen taksin mutta myös tämä taksi ajaa pois. Kasper ei voi ymmärtää sitä. Hän on yllättynyt ja vihainen, mutta hän ei ole tyhmä. Hän avaa karttansa ja etsii tien hotellille. Hän tulee takaisin hotellille jalkaisin.
On yö. Kasper on sängyssään. Hän on nukkumassa. Tähdet katsovat ikkunasta sisään huoneeseen. Muistikirja on pöydällä. Se on auki. ”Ford on paras auto”. Tämä ei ole hotellin nimi. Tämä on mainos hotellirakennuksesta.

Der Name des Hotels

Das ist ein Student. Er heißt Kasper. Kasper kommt aus Polen. Er spricht kein Englisch. Er will an einer Universität in den USA Englisch lernen. Kasper wohnt zurzeit in einem Hotel in San Francisco.
Gerade ist er in seinem Zimmer. Er schaut auf die Karte. Diese Karte ist sehr gut. Kasper sieht Straßen, Plätze und Läden auf der Karte. Er geht aus dem Zimmer und durch den langen Gang zum Aufzug. Der Aufzug bringt ihn nach unten. Kasper geht durch die große Halle und aus dem Hotel. Er hält in der Nähe des Hotels an und schreibt den Namen des Hotels in sein Notizbuch.
Beim Hotel gibt es einen runden Platz und einen See. Kasper geht über den Platz zum See. Er geht um den See zur Brücke. Viele Autos, Lastwägen und Menschen überqueren die Brücke. Kasper geht unter der Brücke hindurch. Dann geht er eine Straße entlang zum Stadtzentrum. Er geht an vielen schönen Gebäuden vorbei.
Es ist schon Abend. Kasper ist müde und will zurück ins Hotel gehen. Er hält ein Taxi an, öffnet dann sein Notizbuch und zeigt dem Taxifahrer den Namen des Hotels. Der Taxifahrer schaut in das Notizbuch, lächelt und fährt weg. Kasper versteht nichts. Er steht da und schaut in sein Notizbuch. Dann hält er ein anderes Taxi an und zeigt dem Taxifahrer wieder den Namen des Hotels. Der Fahrer schaut in das Notizbuch. Dann schaut er Kasper an, lächelt und fährt auch weg.
Kasper ist verwundert. Er hält ein anderes Taxi an. Aber auch dieser Taxifahrer fährt weg. Kasper kann das nicht verstehen. Er ist verwundert und wütend. Aber er ist nicht dumm. Er öffnet seine Karte und findet den Weg zum Hotel. Er kehrt zu Fuß zum Hotel zurück.
Es ist Nacht. Kasper ist in seinem Bett. Er schläft. Die Sterne schauen durch das Fenster ins Zimmer. Das Notizbuch liegt auf dem Tisch. Es ist offen. „Ford ist das beste Auto“. Das ist nicht der Name des Hotels. Das ist Werbung am Hotelgebäude.

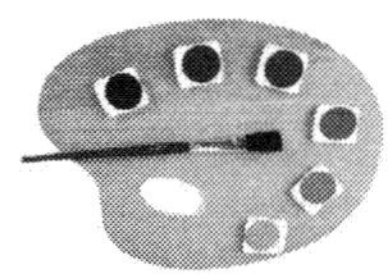

14

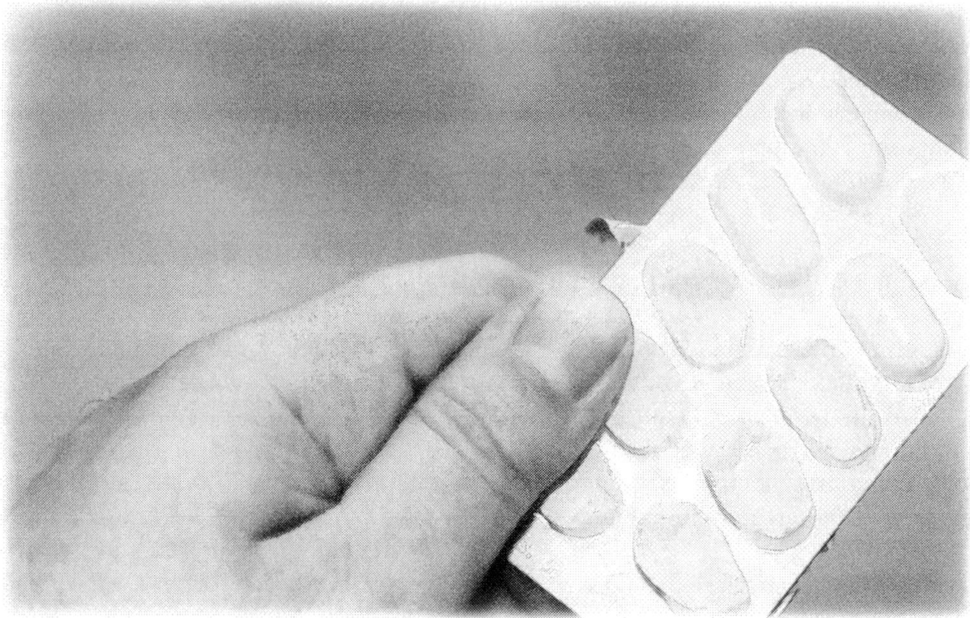

Aspiriini
Aspirin

A

Sanat

1. ajatella - denken
2. apteekki - die Apotheke
3. arkki - das Blatt
4. aspiriini - das Aspirin
5. että - dass
6. fiksu, nokkela, älykäs, viisas - intelligent
7. haiseva - stinkend
8. harmaa - grau
9. istua alas - sich hinsetzen
10. joitain, joitakin, muutamia - einige
11. jotain, jotakin - etwas
12. jotakin / jotakuta varten, -lle - für
13. kaveri - der Junge
14. kello - die Uhr
15. kello yhdeltä - um eins
16. kemia - die Chemie
17. kemikaalinen - chemisch
18. kemikaalit - die Chemikalien
19. koe - die Prüfung
20. kokeilla - versuchen
21. kokeilla, testata - prüfen
22. kristalli, kide - das Kristall
23. kymmenen - zehn
24. läpäistä koe - eine Prüfung bestehen
25. loistava - wunderbar
26. luokkahuone - das Klassenzimmer
27. opiskelija-asuntola - das Studentenwohnheim
28. päästä (jonnekin) - ankommen
29. paperi - das Papier
30. pilleri, tabletti - die Tablette
31. pulpetti, työpöytä - der Schreibtisch
32. puoli - halb
33. puoli yhdeksältä - um halb neun
34. saada, hankkia (jotain) - (etwas) erhalten
35. tauko - die Pause
36. tehtävä - die Aufgabe

37. tietenkin, tietysti, totta kai - natürlich
38. usein - oft
39. valkoinen - weiß
40. vastaus, ratkaisu - die Lösung
41. viimein, lopulta - schließlich
42. yli - nach

B

Aspiriini

Tämä on Robertin ystävä. Hänen nimensä on Paul. Paul on Kanadasta. Englanti on hänen äidinkielensä. Hän puhuu erittäin hyvin myös ranskaa. Paul asuu opiskelija- asuntolassa. Paul on parhaillaan huoneessaan. Paulilla on tänään kemian koe. Hän katsoo kelloaan. Kello on kahdeksan. On aika mennä.
Paul menee ulos. Hän menee yliopistoon. Yliopisto on asuntolan lähellä. Hänellä kestää noin kymmenen minuuttia mennä yliopistoon. Paul saapuu luokkahuoneeseen. Hän avaa oven ja katsoo luokkahuoneeseen. Siellä on muutamia opiskelijoita ja opettaja. Paul menee sisälle luokkahuoneeseen.
"Hei", hän sanoo.
"Hei", opettaja ja opiskelijat vastaavat. Paul menee pulpettinsa luokse ja istuu alas. Koe alkaa puoli yhdeksältä. Opettaja tulee Paulin pulpetin luokse.
"Tässä on tehtäväsi", opettaja sanoo. Sitten hän antaa Paulille paperiarkin, jossa on tehtävä. "Sinun pitää tehdä aspiriinia. Sinä voit työskennellä puoli yhdeksästä kello kahteentoista. Aloita, ole hyvä", opettaja sanoo.
Paul tuntee tämän tehtävän. Hän ottaa joitain kemikaaleja ja aloittaa. Hän työskentelee kymmenen minuuttia. Viimein hän saa aikaan jotain harmaata ja haisevaa. Se ei ole hyvää aspiriinia. Paul tietää, että hänen pitää saada isoja, valkoisia aspiriinikiteitä. Sitten hän yrittää yhä uudelleen. Paul työskentelee tunnin, mutta hän saa taas aikaan jotain harmaata ja haisevaa.
Paul on vihainen ja väsynyt. Hän ei voi ymmärtää sitä. Hän pitää tauon ja miettii vähän. Paul on älykäs. Hän harkitsee pari minuuttia ja löytää sitten vastauksen! Hän nousee seisomaan.
"Voinko pitää kymmenen minuutin tauon?" hän kysyy opettajalta.
"Tietenkin voit", opettaja vastaa. Paul menee ulos. Hän etsii apteekin yliopiston läheltä. Hän menee sisään ja ostaa muutamia aspiriinipillereitä. Kymmenen minuutin kuluttua hän tulee takaisin luokkahuoneeseen. Opiskelijat istuvat ja

Aspirin

Das ist ein Freund von Robert. Er heißt Paul. Paul kommt aus Kanada. Seine Muttersprache ist Englisch. Er spricht auch sehr gut Französisch. Paul wohnt im Studentenwohnheim. Paul ist gerade in seinem Zimmer. Paul hat heute eine Prüfung in Chemie. Er schaut auf die Uhr. Es ist acht Uhr. Es ist an der Zeit, zu gehen.
Paul geht nach draußen. Er geht zur Universität. Die Uni ist in der Nähe des Wohnheims. Er braucht etwa zehn Minuten bis zur Uni. Paul kommt zum Klassenzimmer. Er öffnet die Tür und schaut ins Klassenzimmer. Einige Studenten und der Lehrer sind da. Paul betritt das Klassenzimmer.
„Hallo", sagt er.
„Hallo", antworten der Lehrer und die Studenten. Paul geht zu seinem Schreibtisch und setzt sich hin. Die Prüfung beginnt um halb neun. Der Lehrer kommt zu Pauls Tisch.
„Hier ist deine Aufgabe", sagt der Lehrer. Dann gibt er Paul ein Blatt Papier mit der Aufgabe. „Du musst Aspirin herstellen. Du kannst von halb neun bis zwölf Uhr arbeiten. Fang bitte an", sagt der Lehrer.
Paul weiß, wie diese Aufgabe geht. Er nimmt einige Chemikalien und beginnt. Er arbeitet zehn Minuten lang. Das Ergebnis ist grau und stinkt. Das ist nicht gutes Aspirin. Paul weiß, dass er große, weiße Aspirinkristalle erhalten muss. Dann versucht er es wieder und wieder. Paul arbeitet eine Stunde lang, aber das Ergebnis ist wieder grau und stinkend.
Paul ist wütend und müde. Er kann es nicht verstehen. Er macht eine Pause und denkt ein bisschen nach. Paul ist intelligent. Er denkt ein paar Minuten nach und findet dann die Lösung! Er steht auf.
„Kann ich zehn Minuten Pause machen?", fragt er den Lehrer.
„Ja, natürlich", antwortet der Lehrer.
Paul geht nach draußen. Er findet eine Apotheke in der Nähe der Uni. Er geht hinein und kauft ein paar Tabletten Aspirin. Nach zehn Minuten kommt er zurück ins Klassenzimmer. Die Studenten sitzen da

työskentelevät. Paul istuu alas.
”Saanko minä päättää kokeen?” Paul kysyy opettajalta viiden minuutin kuluttua.
Opettaja tulee Paulin pulpetin luokse. Hän näkee isoja, valkoisia aspiriinikiteitä. Opettaja on yllättynyt. Hän jää seisomaan ja katsoo aspiriinia hetken.
”Se on loistavaa! Sinun aspiriinisi on hyvää! Mutta en voi ymmärtää sitä! Minä yritän usein valmistaa aspiriinia ja saan aikaan vain jotain harmaata ja haisevaa”, opettaja sanoo. ”Sinä läpäisit kokeen”, hän sanoo.
Paul lähtee pois kokeen jälkeen. Opettaja näkee jotain valkoista Paulin pulpetilla. Hän menee pulpetin luokse ja löytää aspiriinipillereiden paperin.
”Fiksu kaveri. No niin, Paul. Nyt sinulla on ongelma”, opettaja sanoo.

und arbeiten. Paul setzt sich hin.
„Kann ich die Prüfung beenden?“, fragt Paul den Lehrer nach fünf Minuten.
Der Lehrer kommt zu Pauls Tisch. Er sieht große, weiße Aspirinkristalle. Der Lehrer ist überrascht. Er bleibt stehen und schaut eine Weile auf das Aspirin.

„Wunderbar! Dein Aspirin ist gut! Aber ich kann das nicht verstehen! Ich versuche oft, Aspirin herzustellen, aber alles, was ich herausbekomme, ist grau und stinkt“, sagt der Lehrer. „Du hast die Prüfung bestanden“.
Paul geht nach der Prüfung weg. Der Lehrer sieht etwas Weißes auf Pauls Tisch. Er geht zum Tisch und findet das Papier der Aspirintabletten.
„Intelligenter Junge. Na ja, Paul, jetzt hast du ein Problem“, sagt der Lehrer.

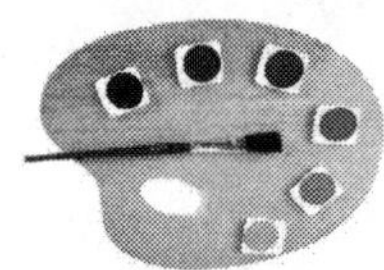

15

Nancy ja kenguru

Nancy und das Känguru

A

Sanat

1. Ai! - Oh!
2. apina - der Affe
3. eläintarha - der Zoo
4. häiritä - ärgern
5. häntä - der Schwanz
6. Hei! - Hey!
7. hiljaa - leise
8. hiukset (pl.) - das Haar
9. iloinen, onnellinen - glücklich
10. itkeä, kiljahtaa, huutaa - weinen, schreien, rufen
11. jäätelö - das Eis
12. -kaamme, -käämme - lass uns
13. kenguru - das Känguru
14. kirjahylly - das Bücherregal
15. korva - das Ohr
16. leijona - der Löwe
17. lelu - das Spielzeug
18. luja / kova (adj.), lujasti / kovasti (adv.) - stark
19. lyödä, iskeä - schlagen
20. märkä - nass
21. meitä - uns
22. Mikä pöytä? - Welcher Tisch?
23. milloin, kun - wenn
24. minua - mich
25. Mitä / Mikä tämä on? - Was ist das?
26. mitä, mikä - was, welcher/welche/welches
27. nukke - die Puppe
28. okei, ok, selvä - okay, gut
29. opiskella - studieren
30. parka, raukka - arm
31. pudota, kaatua - fallen

32. pudotus - der Fall
33. sanko - der Eimer
34. seepra - das Zebra
35. sen - sein
36. suunnitella - planen
37. suunnitelma - der Plan
38. suuri (adj), suurella / suuresti (adv.) - weit
39. täysi - voll
40. tiikeri - der Tiger
41. vesi - das Wasser
42. vetää - ziehen
43. vuosi - das Jahr
44. yhdessä - zusammen

Nancy ja kenguru

Robert on nyt opiskelija. Hän opiskelee yliopistossa. Hän opiskelee englantia. Robert asuu asuntolassa. Hän asuu Paulin naapurissa.
Robert on parhaillaan huoneessaan. Hän ottaa puhelimensa ja soittaa ystävälleen Davidille. David vastaa puheluun:
"Haloo".
"Hei David. Täällä on Robert. Kuinka voit?" Robert sanoo.
"Hei Robert. Minä voin hyvin, kiitos. Entä kuinka sinä voit?" David vastaa.
"Minä voin hyvin myös, kiitos. Minä aion mennä kävelylle. Mitkä ovat sinun suunnitelmasi tälle päivälle?" Robert sanoo.
" Siskoni Nancy pyysi minua viemään hänet eläintarhaan. Minä vien hänet sinne nyt. Menkäämme yhdessä", David sanoo.
"Okei. Minä tulen teidän kanssanne. Missä me tapaamme?" Robert kysyy.
"Tavatkaamme Olympia-bussipysäkillä. Pyydä Paulia tulemaan myös meidän mukaamme", David sanoo.
"Okei. Heippa", Robert vastaa.
"Nähdään pian. Heippa!" David sanoo.
Sitten Robert menee Paulin huoneeseen. Paul on huoneessaan.
"Hei", Robert sanoo.
"Ai hei Robert. Tule sisään, ole hyvä", Paul sanoo. Robert tulee sisälle.
"David, hänen siskonsa ja minä aiomme mennä eläintarhaan. Haluatko sinä tulla yhdessä meidän kanssamme?" Robert kysyy.
"Totta kai, minä tulen mukaan!" Paul sanoo.
Robert ja Paul ajavat Olympia- bussipysäkille. Siellä he näkevät Davidin ja hänen siskonsa Nancyn. Davidin sisko on vasta viisi vuotta vanha. Hän on pieni tyttö ja täynnä energiaa. Hän pitää eläimistä

Nancy und das Känguru

Robert ist jetzt Student. Er studiert an der Universität. Er studiert Englisch. Robert wohnt im Studentenwohnheim. Er ist Pauls Nachbar.
Robert ist gerade in seinem Zimmer. Er nimmt sein Telefon und ruft seinen Freund David an.
David geht ans Telefon und sagt:
„Hallo."
„Hallo David. Ich bin es, Robert. Wie geht's dir?", sagt Robert.
„Hallo Robert. Mir geht's gut. Danke. Und dir?", antwortet David.
„Mir geht's auch gut, danke. Ich werde einen Ausflug machen. Was hast du heute vor?", sagt Robert.

„Meine Schwester Nancy will mit mir in den Zoo gehen. Ich werde jetzt mit ihr dorthin gehen. Lass uns zusammen gehen", sagt David.
„Alles klar, ich komme mit. Wo treffen wir uns?", fragt Robert.
„Lass uns an der Bushaltestelle Olympic treffen. Und frag Paul, ob er auch mitkommen will", sagt David.

„Alles klar. Tschüss", antwortet Robert.
„Bis gleich", sagt David.
Dann geht Robert zu Pauls Zimmer. Paul ist in seinem Zimmer.
„Hallo", sagt Robert.
„Oh, hallo Robert. Komm rein", sagt Paul. Robert betritt das Zimmer.
„David, seine Schwester und ich gehen in den Zoo. Willst du mitkommen?", fragt Robert.
„Natürlich komme ich mit", sagt Paul.
Robert und Paul fahren bis zur Bushaltestelle Olympic. Dort sehen sie David und seine Schwester Nancy.
Davids Schwester ist erst fünf. Sie ist ein kleines Mädchen und voller Energie. Sie mag Tiere sehr

hyvin paljon. Mutta Nancy luulee, että eläimet ovat leluja. Eläimet karkaavat hänen luotaan, koska hän häiritsee niitä hyvin paljon. Hän voi vetää niitä hännästä tai korvasta, lyödä kädellä tai lelulla. Nancylla on koira ja kissa kotona.

Kun Nancy on kotona, koira on sängyn alla ja kissa istuu kirjahyllyn päällä. Siten hän ei pääse niiden luokse.

Nancy, David, Robert ja Paul astuvat eläintarhaan. Eläintarhassa on hyvin monia eläimiä. Nancy on hyvin iloinen. Hän juoksee leijonien ja tiikereiden luokse. Hän lyö seepraa nukellaan. Hän vetää apinaa hännästä niin lujaa, että kaikki apinat karkaavat kiljuen. Sitten Nancy näkee kengurun. Kenguru juo vettä sangosta. Nancy hymyilee ja menee kengurun luokse hyvin hiljaa. Ja sitten…

"Hei!!!! Kenguru- uu- uu!!" Nancy kiljahtaa ja vetää sitä hännästä. Kenguru katsoo Nancya silmät suurina. Se tekee pelästyksestä sellaisen loikan, että vesisanko lentää ilmaan ja putoaa Nancyn päälle. Vettä valuu hänen hiuksiaan, kasvojaan ja mekkoaan pitkin. Nancy on ihan märkä.

"Sinä olet tuhma kenguru! Tuhma!" hän huutaa. Jotkut ihmiset hymyilevät ja jotkut sanovat: "Tyttöparka." David vie Nancyn kotiin.

"Sinun ei pidä häiritä eläimiä", David sanoo ja antaa hänelle jäätelön. Nancy syö jäätelön.

"Okei. Minä en leiki enää hyvin isojen ja vihaisten eläinten kanssa", Nancy ajattelee. "Minä leikin vain pienten eläinten kanssa." Hän on taas iloinen.

gerne. Aber Nancy denkt, dass Tiere Spielzeug sind. Die Tiere rennen vor ihr weg, weil sie sie sehr ärgert. Sie zieht sie am Schwanz oder am Ohr, schlägt sie mit der Hand oder mit einem Spielzeug. Zu Hause hat Nancy einen Hund und eine Katze. Wenn Nancy zu Hause ist, sitzt der Hund unter dem Bett und die Katze auf dem Bücherregal. So kann Nancy sie nicht kriegen.

Nancy, David, Robert und Paul betreten den Zoo. Im Zoo gibt es sehr viele Tiere. Nancy ist glücklich. Sie rennt zu den Löwen und Tigern. Sie schlägt das Zebra mit ihrer Puppe. Sie zieht so stark am Schwanz eines Affen, dass alle Affen schreiend wegrennen. Dann sieht Nancy ein Känguru. Das Känguru trinkt Wasser aus einem Eimer. Nancy lächelt und nähert sich dem Känguru langsam. Und dann...

„Hey!!! Kängruu- uu- uu!!", schreit Nancy und zieht es am Schwanz. Das Känguru sieht Nancy mit weit aufgerissenen Augen an. Vor Schreck macht es einen Satz, sodass der Wassereimer in die Luft fliegt und auf Nancy fällt. Wasser läuft über ihr Haar, ihr Gesicht und ihr Kleid. Nancy ist ganz nass.

„Du bist ein böses Känguru! Böse!", ruft sie. Einige Leute lächeln und einige Leute sagen: „Armes Mädchen." David bringt Nancy nach Hause.

„Du darfst die Tiere nicht ärgern", sagt David und gibt ihr ein Eis. Nancy isst das Eis.

„Okay, ich werde nicht mehr mit sehr großen und wütenden Tieren spielen", denkt Nancy. „Ich werde nur noch mit kleinen Tieren spielen." Sie ist wieder glücklich.

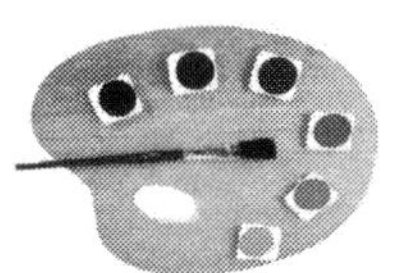

16

Laskuvarjohyppääjät

Die Fallschirmspringer

A

Sanat

1. äänetön, äänettömästi / hiljaa - leise
2. elämä, henki - das Leben
3. hengenpelastustemppu - der Rettungstrick
4. housut (pl.) - die Hose
5. ilma - die Luft
6. isi - Papa
7. istuin, paikka - der Sitz; istua paikalle - sich hinsetzen
8. jälkeen - nach
9. jäsen - das Mitglied
10. jos - ob
11. katto - das Dach
12. keltainen - gelb
13. kerho - der Verein
14. kouluttaa - trainieren; koulutettu - trainiert
15. kumi-, kuminen - der Gummi
16. laskeutua - landen
17. laskuvarjo - der Fallschirm
18. laskuvarjohyppääjä - der Fallschirmspringer
19. lentokone - das Flugzeug
20. lentonäytös - die Flugschau
21. mahtava - super, toll
22. metalli - das Metall
23. muu, muut - andere
24. muuten - übrigens
25. napata, ottaa kiinni - fangen
26. oikea - wirklich
27. olla - sein
28. oma - eigener, eigene, eigenes
29. osa - der Teil

30. pelastaa - retten
31. pilotti - der Pilot
32. poistua - aussteigen
33. pudonnut - abgestürzt
34. pudoten, putoava - fallend
35. pukea päälle - sich anziehen
36. pukeutunut - angezogen
37. punainen - rot
38. sisällä, -ssa, -ssä - in
39. sulkea - schließen
40. takki - die Jacke
41. täytetty - ausgestopft; täytetty laskuvarjohyppääjä - die Fallschirmspringerpuppe
42. tehdä - machen
43. temppu - der Trick
44. tiimi, joukkue - die Mannschaft
45. työntää - stoßen, ziehen
46. uskoa - glauben; ei uskoa silmiään - seinen Augen nicht trauen
47. vaatteet (pl.) - die Kleidung
48. vain - einfach
49. valmistautua - vorbereiten
50. vihaisesti - wütend
51. yhdeksän - neun
52. yleisö - das Publikum
53. yli - über

B

Laskuvarjohyppääjä

On aamu. Robert tulee Paulin huoneeseen. Paul istuu pöydän ääressä ja kirjoittaa jotakin. Paulin kissa Suosikki on Paulin sängyllä. Se nukkuu hiljaa.
"Voinko tulla sisään?" Robert kysyy.
"Kas, Robert. Tule sisään, ole hyvä. Kuinka voit?" Paul vastaa.
"Hyvin, kiitos. Entä sinä?" Robert sanoo.
"Minä voin myös hyvin, kiitos. Istu alas, ole hyvä", Paul vastaa.
Robert istuu tuolille.
"Tiedätkö, että olen laskuvarjokerhon jäsen. Meillä on tänään lentonäytös", Robert sanoo. "Minä aion tehdä joitain hyppyjä siellä."
"Se on hyvin mielenkiintoista", Paul vastaa. "Minä tulen ehkä katsomaan lentonäytöstä."
"Jos haluat, minä voin viedä sinut sinne ja sinä voit tulla mukaan lentokoneeseen", Robert sanoo.
"Todellako? Se olisi mahtavaa!" Paul huudahtaa. "Mihin aikaan lentonäytös pidetään?"
"Se alkaa kello kymmeneltä aamulla", Robert vastaa. "David tulee myös. Muuten, me tarvitsemme apua täytetyn laskuvarjohyppääjän heittämisessä ulos lentokoneesta. Auttaisitko sinä?"
"Täytetty laskuvarjohyppääjä? Miksi?" Paul kysyy yllättyneenä.
"Katsos kun se on osa näytöstä", Robert sanoo. "Se on hengenpelastustemppu. Täytetty laskuvarjohyppääjä putoaa alas. Tällöin oikea laskuvarjohyppääjä lentää sen luo, ottaa sen kiinni ja avaa oman laskuvarjonsa. 'Mies' on pelastettu!"

Die Fallschirmspringer

Es ist Morgen. Robert kommt in Pauls Zimmer. Paul sitzt am Tisch und schreibt etwas. Pauls Katze Favorite sitzt auf Pauls Bett. Sie schläft ruhig.
„Kann ich reinkommen?“, fragt Robert.
„Oh, Robert. Komm rein. Wie geht's dir?“, antwortet Paul.
„Gut, danke. Und dir?“, sagt Robert.
„Danke, auch gut. Setz dich“, antwortet Paul.
Robert setzt sich auf einen Stuhl.
„Du weißt doch, dass ich Mitglied in einem Fallschirmspringerverein bin. Wir haben heute eine Flugschau“, sagt Robert. „Ich werde ein paar Sprünge machen“.
„Das ist interessant“, antwortet Paul. „Ich komme vielleicht zuschauen.“
„Wenn du willst, kann ich dich mitnehmen und du kannst in einem Flugzeug mitfliegen“, sagt Robert.
„Echt? Das wäre super!“, ruft Paul. „Um wie viel Uhr ist die Flugschau?“
„Sie fängt um zehn Uhr morgens an“, antwortet Robert. „David kommt auch. Übrigens, wir brauchen Hilfe, eine Fallschirmspringerpuppe aus dem Flugzeug zu werfen. Kannst du helfen?“
„Eine Fallschirmspringerpuppe? Warum?“, fragt Paul überrascht.
„Ach, weißt du, das ist ein Teil der Schau“, sagt Robert. „Es ist ein Rettungstrick. Die Puppe fällt herunter. In dem Moment fliegt ein echter Fallschirmspringer zu ihr, fängt sie und öffnet seinen eigenen Fallschirm. Der ‚Mann‘ ist gerettet!“

”Mahtavaa!” Paul vastaa. ”Minä autan. Lähdetään!”
Paul ja Robert menevät pihalle. He tulevat Olympia-bussipysäkille ja ottavat bussin. Meno lentonäytökseen kestää vain kymmenen minuuttia. Kun he poistuvat bussista, he näkevät Davidin.
”Hei David”, Robert sanoo. ”Mennään lentokoneelle.”
He näkevät laskuvarjotiimin lentokoneen luona. He saapuvat tiimin johtajan luokse. Tiimin johtaja on pukeutunut punaisiin housuihin ja punaiseen takkiin.
”Hei Martin”, Robert sanoo. ”Paul ja David auttavat hengenpelastustempussa.”
”Selvä. Tässä on täytetty laskuvarjohyppääjä ”, Martin sanoo. Hän antaa täytetyn laskuvarjohyppääjän heille. Täytetty laskuvarjohyppääjä on puettu punaisiin housuihin ja punaiseen takkiin.
”Se on puettu kuin sinä”, David sanoo hymyillen Martinille.
”Meillä ei ole aikaa puhua siitä”, Martin sanoo. ”Ottakaa se mukaan tähän lentokoneeseen.”
Paul ja David vievät täytetyn laskuvarjohyppääjän lentokoneeseen. He istuutuvat pilotin viereen. Koko laskuvarjotiimi, paitsi sen johtaja, tulevat lentokoneeseen. He sulkevat oven. Viiden minuutin kuluttua lentokone on ilmassa. Kun se lentää San Franciscon yli, David näkee oman talonsa.
”Katso! Minun taloni on tuolla!” David huudahtaa.
Paul katsoo ikkunasta kaupungin katuja, aukioita ja puistoja. On hienoa lentää lentokoneella.
”Valmistautukaa hyppäämään!” pilotti huutaa.
Laskuvarjohyppääjät nousevat seisomaan. He avaavat oven.
”Kymmenen, yhdeksän, kahdeksan, seitsemän, kuusi, viisi, neljä, kolme, kaksi, yksi! Menkää!” pilotti huutaa.
Laskuvarjohyppääjät alkavat hyppiä ulos lentokoneesta. Alhaalla maassa yleisö näkee punaisia, vihreitä, valkoisia, sinisiä ja keltaisia laskuvarjoja. Se näyttää erittäin hienolta. Martin, laskuvarjotiimin johtaja, katsoo myös ylös. Laskuvarjohyppääjät liitävät alas ja jotkut ovat jo laskeutuneet.
”Okei. Hyvää työtä, kaverit”, Martin sanoo ja menee lähellä olevaan kahvilaan juomaan hieman kahvia.
Lentonäytös jatkuu.
”Valmistautukaa hengenpelastustemppuun!” pilotti huutaa.
David ja Paul tuovat täytetyn laskuvarjohyppääjän ovelle.
”Kymmenen, yhdeksän, kahdeksan, seitsemän, kuusi,

„Toll!“, antwortet Paul. „Ich helfe. Lass uns gehen!“
Paul und Robert gehen nach draußen. Sie kommen zur Bushaltestelle Olympic und nehmen einen Bus. Es dauert nur zehn Minuten bis zur Flugschau. Als sie aus dem Bus steigen, sehen sie David.
„Hallo David“, sagt Robert. „Lass uns zum Flugzeug gehen.“
Beim Flugzeug sehen sie eine Fallschirmspringermannschaft. Der Führer der Mannschaft hat eine rote Hose und eine rote Jacke an.
„Hallo Martin“, sagt Robert. „Paul und David helfen beim Rettungstrick.“
„Okay. Hier ist die Puppe“, sagt Martin. Er gibt ihnen die Fallschirmspringerpuppe. Die Puppe trägt eine rote Hose und eine rote Jacke.
„Sie trägt die gleiche Kleidung wie du“, sagt David und grinst Martin an.
„Wir haben keine Zeit, darüber zu reden“, sagt Martin. „Nehmt sie mit in dieses Flugzeug.“
Paul und David bringen die Puppe ins Flugzeug. Sie setzen sich neben den Piloten. Die ganze Fallschirmspringermannschaft außer ihrem Führer besteigt das Flugzeug. Sie schließen die Tür. Nach fünf Minuten ist das Flugzeug in der Luft. Als es über San Francisco fliegt, sieht David sein Haus.
„Schau! Da ist mein Haus!“, ruft David.
Paul sieht aus dem Fenster auf Straßen, Plätze und Parks. Es ist toll, in einem Flugzeug zu fliegen.
„Zum Sprung bereit machen!“, ruft der Pilot. Die Fallschirmspringer stehen auf. Sie öffnen die Tür.
„Zehn, neun, acht, sieben, sechs, fünf, vier, drei, zwei, eins! Los!“, ruft der Pilot.
Die Fallschirmspringer beginnen, aus dem Flugzeug zu springen. Das Publikum auf dem Boden sieht rote, grüne, weiße, blaue und gelbe Fallschirme. Es sieht sehr schön aus. Martin, der Führer der Mannschaft, schaut auch nach oben. Die Fallschirmspringer fliegen nach unten und einige landen bereits.
„Okay, gute Arbeit, Jungs“, sagt Martin und geht in ein Café in der Nähe, um Kaffee zu trinken.
Die Flugschau geht weiter.
„Für den Rettungstrick bereit machen!“, ruft der Pilot.
David und Paul bringen die Puppe zur Tür.
„Zehn, neun, acht, sieben, sechs, fünf, vier, drei,

viisi, neljä, kolme, kaksi, yksi! Menkää!" pilotti huutaa.
Paul ja David työntävät täytetyn laskuvarjohyppääjän ovesta. Se putoaa ulos, mutta jää sitten roikkumaan. Sen kuminen "käsi" on jäänyt roikkumaan johonkin lentokoneen metalliosaan.
"Vauhtia pojat!" pilotti huutaa.
Pojat työntävät täytettyä laskuvarjohyppääjää täysillä, mutta eivät saa sitä irti.
Alhaalla maassa yleisö näkee punaisiin pukeutuneen miehen lentokoneen ovella. Kaksi muuta miestä yrittävät työntää häntä ulos. Ihmiset eivät voi uskoa silmiään. Se jatkuu noin minuutin. Sitten punaasuinen laskuvarjohyppääjä putoaa alas. Toinen laskuvarjohyppääjä hyppää ulos lentokoneesta ja yrittää napata hänet. Mutta hän ei onnistu siinä. Punaasuinen laskuvarjohyppääjä putoaa edelleen alas. Hän putoaa katon läpi kahvilan sisälle. Yleisö katsoo ääneti. Sitten ihmiset näkevät punaisiin pukeutuneen miehen juoksevan pihalle kahvilasta. Tämä punaasuinen mies on Martin, laskuvarjotiimin johtaja. Mutta yleisö luulee, että hän on se pudonnut laskuvarjohyppääjä. Hän katsoo ylös ja huutaa vihaisesti. "Jos ette saa kiinni miestä, niin älkää edes yrittäkö sitä!"
Yleisö on hiljaa.
"Isi, tämä mies on hyvin vahva", pieni tyttö sanoo isälleen.
"Hänet on hyvin koulutettu", isä vastaa.
Lentonäytöksen jälkeen Paul ja David menevät Robertin luokse.
"Millaista työmme oli?" David kysyy.
"Öh… öö, se oli erittäin hyvää. Kiitos", Robert vastaa.
"Jos tarvitset jotain apua, sano vain", Paul sanoo.

zwei, eins! Los!", ruft der Pilot.
Paul und David stoßen die Puppe aus der Tür. Sie fällt heraus, bleibt dann aber hängen. Ihre Gummihand ist an einem Metallteil des Flugzeugs hängen geblieben.
„Los, auf, Jungs!", ruft der Pilot.
Die Jungs ziehen mit aller Kraft an der Puppe, aber sie bekommen sie nicht los.
Das Publikum unten auf dem Boden sieht einen Mann in Rot gekleidet in der Flugzeugtür. Zwei andere Männer versuchen, ihn herauszustoßen. Die Leute trauen ihren Augen nicht. Es dauert etwa eine Minute. Dann fällt der Fallschirmspringer in Rot nach unten. Ein anderer Fallschirmspringer springt aus dem Flugzeug und versucht, ihn zu fangen. Aber er schafft es nicht. Der Fallschirmspringer in Rot fällt weiter. Er fällt durch das Dach in das Café. Das Publikum sieht schweigend zu. Dann sehen die Leute einen in rot gekleideten Mann aus dem Café rennen. Der Mann in Rot ist Martin, der Führer der Fallschirmspingermannschaft. Aber das Publikum denkt, dass er der abgestürzte Fallschirmspringer ist. Er schaut nach oben und ruft wütend: „Wenn ihr einen Mann nicht fangen könnt, dann versucht es nicht!"
Das Publikum ist still.
„Papa, dieser Mann ist sehr stark", sagt ein kleines Mädchen zu ihrem Vater.
„Er ist gut trainiert", antwortet der Vater.
Nach der Flugschau gehen David und Paul zu Robert.
„Wie war unsere Arbeit?", fragt David.
„Ähm...Oh, sehr gut. Danke", antwortet Robert.
„Wenn du Hilfe brauchst, sag es einfach", sagt Paul.

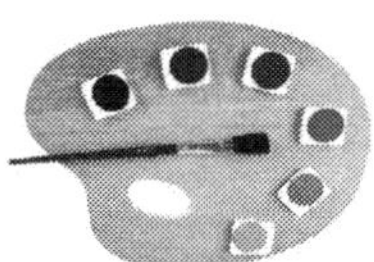

17

Sammuta kaasu!

Mach das Gas aus!

A

Sanat

1. aikoa - werden
2. asuva - wohnhaft
3. hetki - der Moment
4. huolellinen - sorgfältig
5. joka, kuka - wer
6. joten - deswegen
7. juna - der Zug
8. jähmettyä - erstarren
9. kaasu - das Gas
10. kaikki - alles
11. kaksikymmentä - zwanzig
12. kalpea - blass
13. kertoa, sanoa - sagen
14. kilometri - der Kilometer
15. kisumirri - die Miezekatze
16. käskeä - befehlen
17. kääntää - drehen
18. laittaa päälle - anmachen
19. levittää - übergreifen
20. lippu - die Fahrkarte
21. lämmittää - aufwärmen
22. lämpö - warm
23. neljäkymmentäneljä - vierundvierzig
24. nopea, nopeasti - schnell
25. outo - fremd
26. ovela, ovelasti - schlau
27. puhelimen luuri - der Telefonhörer
28. päiväkoti - der Kindergarten
29. rautatieasema - der Bahnhof
30. sammuttaa - ausmachen
31. sihteeri - die Sekretärin
32. sillä välin - in der Zwischenzeit
33. soitto - das Klingeln; soittaa, soida - klingeln
34. teepannu - der Kessel
35. tulipalo - das Feuer
36. tunne - das Gefühl

37. täyttää - füllen
38. unohtaa - vergessen
39. vesihana - der Wasserhahn
40. välittömästi, heti - sofort
41. yhtäkkiä - plötzlich
42. yksitoista - elf
43. ääni - die Stimme

B

Sammuta kaasu!

Kello on seitsemän aamulla. David ja Nancy ovat nukkumassa. Heidän äitinsä on keittiössä. Äidin nimi on Linda. Linda on neljäkymmentäneljä vuotta vanha. Hän on huolellinen nainen. Linda siivoaa keittiön ennen kuin hän menee töihin. Hän on sihteeri. Hän työskentelee kahdenkymmenen kilometrin päässä San Franciscosta. Linda menee yleensä junalla töihin.
Hän menee pihalle. Rautatieasema on lähellä, joten Linda menee sinne jalkaisin. Hän ostaa lipun ja nousee junaan. Töihin menemisessä kestää noin kaksikymmentä minuuttia. Linda istuu junassa ja katsoo ulos ikkunasta.
Yhtäkkiä hän jähmettyy. Teepannu! Se on hellalla ja hän unohti sammuttaa kaasun! David ja Nancy ovat nukkumassa. Tulipalo voi levitä huonekaluihin ja sitten… Linda muuttuu kalpeaksi. Mutta hän on fiksu nainen ja hetkessä hän tietää mitä tehdä. Hän pyytää naista ja miestä, jotka istuvat lähellä, soittamaan hänen kotiinsa ja kertomaan Davidille teepannusta.
Sillä välin David nousee ylös, peseytyy ja menee keittiöön. Hän ottaa teepannun pöydältä, täyttää sen vedellä ja laittaa sen hellalle. Sitten hän ottaa leipää ja voita ja tekee voileipiä. Nancy tulee keittiöön.
”Missä minun pieni kisumirrini on?” hän kysyy.
”En tiedä”, David vastaa. ”Mene kylpyhuoneeseen ja pese kasvosi. Me juomme nyt vähän teetä ja syömme muutaman voileivän. Sitten minä vien sinut päiväkotiin.”
Nancy ei halua peseytyä. ”En saa avattua vesihanaa”, hän sanoo ovelasti.
”Minä autan sinua”, hänen veljensä sanoo. Tällä hetkellä puhelin soi. Nancy juoksee nopeasti puhelimeen ja ottaa luurin.
”Hei, tämä on eläintarha. Kuka siellä?” hän sanoo. David ottaa luurin häneltä ja sanoo. ”Hei. Täällä on David.”
”Oletko sinä Kuningattarenkatu yhdessätoista asuva David Tweeter?” oudon naisen ääni kysyy.

Mach das Gas aus!

Es ist sieben Uhr morgens. David und Nancy schlafen. Ihre Mutter ist in der Küche. Die Mutter heißt Linda. Linda ist vierundvierzig. Sie ist eine sorgfältige Frau. Linda putzt die Küche, bevor sie zur Arbeit geht. Sie ist Sekretärin. Sie arbeitet zwanzig Kilometer außerhalb von San Francisco. Linda fährt normalerweise mit dem Zug zur Arbeit.
Sie geht nach draußen. Der Bahnhof ist in der Nähe, deswegen geht Linda zu Fuß dorthin. Sie kauft eine Fahrkarte und steigt ein. Es dauert etwa zwanzig Minuten bis zu ihrer Arbeit. Linda sitzt im Zug und schaut aus dem Fenster.
Plötzlich erstarrt sie. Der Kessel! Er steht auf dem Herd und sie hat vergessen, das Gas auszumachen. David und Nancy schlafen. Das Feuer kann auf die Möbel übergreifen und dann... Linda wird blass. Aber sie ist eine intelligente Frau und kurz darauf weiß sie, was zu tun ist. Sie bittet eine Frau und einen Mann, die neben ihr sitzen, bei ihr zu Hause anzurufen und David über den Kessel zu informieren.
In der Zwischenzeit steht David auf, wäscht sich und geht in die Küche. Er nimmt den Kessel vom Tisch, füllt ihn mit Wasser und stellt ihn auf den Herd. Dann nimmt er Brot und Butter und macht Butterbrote. Nancy kommt in die Küche.
„Wo ist meine kleine Miezekatze?“, fragt sie.
„Ich weiß es nicht“, antworte David. „Geh ins Bad und wasch dein Gesicht. Wir trinken jetzt Tee und essen Brote. Dann bring ich dich in den Kindergarten.“
Nancy will sich nicht waschen. „Ich kann den Wasserhahn nicht anmachen“, sagt sie schlau.
„Ich helfe dir“, sagt ihr Bruder. In diesem Moment klingelt das Telefon. Nancy rennt schnell zum Telefon und nimmt den Hörer ab.
„Hallo, hier ist der Zoo. Und wer ist da?“, sagt sie. David nimmt ihr den Hörer weg und sagt: „Hallo, David hier.“
„Bist du David Tweeter, wohnhaft in der Queen Straße elf?“, fragt die Stimme einer fremden Frau.

”Kyllä”, David vastaa.
”Mene välittömästi keittiöön ja sammuta kaasu!” naisen ääni huutaa.
”Kuka sinä olet? Miksi minun pitää sammuttaa kaasu?” David kysyy yllättyen.
”Tee se nyt!” ääni käskee.
David sammuttaa kaasun. Nancy ja David katsovat teepannua yllättyneinä.
”En ymmärrä”, David sanoo. ”Kuinka tämä nainen voi tietää, että me aiomme juoda teetä?”
”Minä olen nälkäinen”, hänen siskonsa sanoo. ”Koska me syömme?”
”Minäkin olen nälkäinen”, David sanoo ja laittaa kaasun takaisin päälle. Tällä hetkellä puhelin soi uudestaan.
”Hei”, David sanoo.
”Oletko sinä David Tweeter, joka asuu Kuningattarenkatu yhdessätoista?” oudon miehen ääni kysyy.
”Kyllä”, David vastaa.
”Sammuta hellan kaasu välittömästi! Ole varovainen!” ääni käskee.
”Okei”, David sanoo ja sammuttaa taas kaasun.
”Lähdetään päiväkotiin” David sanoo Nancylle tuntien, että he eivät juo teetä tänään.
”Ei. Minä haluan hieman teetä ja leipää voilla”, Nancy sanoo vihaisesti.
”No, koitetaan lämmittää teepannu uudelleen”, hänen veljensä sanoo ja laittaa kaasun päälle.
Puhelin soi ja tällä kertaa heidän äitinsä käskee sammuttaa kaasun. Sitten hän selittää kaiken.
Viimein Nancy ja David juovat teetä ja lähtevät päiväkotiin.

„Ja“, antwortet David.
„Geh sofort in die Küche und mach das Gas aus“, ruft die Stimme der Frau.
„Wer sind Sie? Warum soll ich das Gas ausmachen?“, fragt David überrascht.
„Mach es jetzt!“, befielt die Stimme.
David macht das Gas aus. Nancy und David sehen verwundert auf den Kessel.
„Ich verstehe das nicht“, sagt David. „Woher weiß diese Frau, dass wir Tee trinken wollten?“
„Ich habe Hunger“, sagt seine Schwester. „Wann essen wir?“
„Ich habe auch Hunger“, sagt David und macht das Gas wieder an. In diesem Moment klingelt das Telefon wieder.
„Hallo“, sagt David.
„Bist du David Tweeter, wohnhaft in der Queen Straße elf?“, fragt die Stimme eines fremden Mannes.
„Ja“, antwortet David.
„Mach sofort das Gas aus! Sei vorsichtig!“, befiehlt die Stimme.
„Okay“, sagt David und macht das Gas wieder aus.
„Lass uns in den Kindergarten gehen“, sagt David zu Nancy in dem Gefühl, dass sie heute keinen Tee trinken werden.
„Nein. Ich will Tee und Brot mit Butter“, sagt Nancy wütend.
„Gut, lass uns versuchen, den Kessel wieder zu wärmen“, sagt ihr Bruder und stellt das Gas an.
Das Telefon klingelt und dieses Mal befiehlt ihre Mutter, das Gas abzustellen. Dann erklärt sie alles.
Endlich trinken Nancy und David Tee und gehen in den Kindergarten.

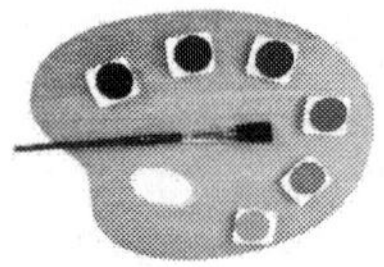

18

Työvoimatoimisto
Eine Arbeitsvermittlung

Sanat

1. antaa, sallia - lassen
2. apulainen - der Helfer
3. asema - die Position
4. fyysinen työ, ruumiillinen työ - die Handarbeit
5. harmaahiuksinen - grauhaarig
6. huolehtia - sich Sorgen machen
7. hämmentynyt - verwirrt
8. kaapeli - das Kabel
9. kaupunki - die Stadt
10. kokemus - die Erfahrung
11. konsultoida, neuvoa - beraten
12. kulkea - führen
13. kustannus- - der Verlag
14. kuten - da, wie
15. kuunnella tarkasti / tarkkaan - genau zuhören
16. kuusikymmentä - sechzig
17. käsivarsi - der Arm
18. lattia - der Boden
19. monitaitoinen - vielseitig, alles könnend
20. myös - auch
21. neuvoja - der Berater
22. numero - die Nummer
23. oli - war
24. olla samaa mieltä, olla yhtä mieltä - einverstanden sein
25. patja - die Matratze
26. puoli - halb
27. sama - der/die/das Gleiche
28. samaan aikaan - gleichzeitig

29. selvä, varma, toki - klar, sicher
30. suositella - empfehlen
31. sähkö- - elektrisch
32. tappava - tödlich
33. tarina - die Geschichte
34. tosissaan - ernst
35. tunnilta - pro Stunde
36. tuntea toisensa - sich kennen
37. täristä - zittern
38. vahva, vahvasti, voimakkaasti - stark
39. varovasti, tarkasti, tarkkaan - vorsichtig
40. viisitoista - fünfzehn
41. virta - der Strom
42. yksitellen - einzeln
43. älyllinen, luovuutta ja ajattelua vaativa työ (kevyt työ) - die Kopfarbeit
44. Älä huolehdi! - Mach dir keinen Kopf!

B

Työvoimatoimisto

Eräänä päivänä Paul menee Robertin huoneeseen ja näkee, että hänen ystävänsä makaa sängyllä täristen. Paul näkee joitain sähkökaapeleita kulkevan Robertista vedenkeittimeen. Paul uskoo, että Robert on tappavan sähkövirran alaisuudessa. Hän menee nopeasti sängyn luokse, ottaa patjasta kiinni ja vetää sitä kovaa. Robert putoaa lattialle. Sitten hän nousee seisomaan ja katsoo Paulia yllättyneenä.
"Mitä tuo oli?" Robert kysyy.
"Sinä olit sähkövirrassa", Paul sanoo.
"Ei, minä olin kuuntelemassa musiikkia", Robert sanoo ja näyttää CD-soitintaan.
"Ai, olen pahoillani", Paul sanoo. Hän on hämmentynyt.
"Kaikki on hyvin. Älä huolehdi", Robert sanoo rauhallisena puhdistaen housujaan.
"David ja minä menemme työvoimatoimistoon. Haluatko sinä tulla kanssamme?" Paul kysyy.
"Toki. Mennään yhdessä", Robert sanoo.
He menevät ulos ja ottavat bussin numero seitsemän. Heillä kestää noin viisitoista minuuttia mennä työvoimatoimistoon. David on jo siellä. He tulevat sisään rakennukseen. Työvoimatoimistossa on pitkä jonotusaika. He seisovat jonossa. Puolen tunnin päästä he tulevat toimistoon. Huoneessa on pöytä ja muutama kirjahylly. Harmaahiuksinen mies istuu pöydän ääressä. Hän on noin kuusikymmentävuotias.
"Tulkaa sisään pojat!" hän sanoo ystävällisesti. "Istuutukaa, olkaa hyvä."
David, Robert ja Paul istuutuvat.
"Nimeni on George Arvioija. Olen työvoimaneuvoja. Yleensä puhun vieraille yksitellen. Mutta koska olette opiskelijoita ja tunnette toisenne, voin neuvoa teitä yhdessä. Sopiiko se teille?"
"Kyllä, kiitos", David sanoo. "Meillä on kolme tai

Eine Arbeitsvermittlung

Eines Tages kommt Paul in Roberts Zimmer und sieht seinen Freund zitternd auf dem Bett liegen. Paul sieht einige Stromkabel, die von Robert zum Wasserkocher führen. Paul glaubt, dass Robert einen tödlichen Stromschlag abbekommen hat. Er geht schnell zum Bett, nimmt die Matratze und zieht stark daran. Robert fällt auf den Boden. Dann steht er auf und sieht Paul verwundert an.
„Was war das denn?", fragt Robert.
„Du standest unter Strom", sagt Paul.
„Nein, ich habe Musik gehört", sagt Robert und zeigt auf seinen CD-Spieler.
„Oh, Entschuldigung", sagt Paul. Er ist verwirrt.
„Schon gut, mach dir keinen Kopf", sagt Robert ruhig und macht seine Hose sauber.
„David und ich gehen zu einer Arbeitsvermittlung. Willst du mitkommen?", fragt Paul.
„Klar, lass uns zusammen gehen", sagt Robert.
Sie gehen nach draußen und nehmen den Bus Nummer 7. Sie brauchen etwa fünfzehn Minuten bis zur Arbeitsvermittlung. David ist schon dort. Sie betreten das Gebäude. Vor dem Büro der Arbeitsvermittlung ist eine lange Schlange. Sie stellen sich an. Nach einer halben Stunde betreten sie das Büro. Im Zimmer sind ein Stuhl und ein paar Bücherregale. Am Tisch sitzt ein grauhaariger Mann. Er ist etwa sechzig.
„Kommt rein, Jungs", sagt er freundlich. „Setzt euch, bitte".
David, Robert und Paul setzen sich.
„Ich bin Georg Estimator. Ich bin Arbeitsberater. Normalerweise spreche ich einzeln mit Besuchern. Aber da ihr alle Studenten seid und euch kennt, kann ich euch zusammen beraten. Seid ihr einverstanden?"

neljä tuntia vapaa-aikaa joka päivä. Tarvitsemme työtä tuoksi ajaksi.”
”Hyvä. Minulla on jotain töitä opiskelijoille. Ja laita soittimesi pois”, herra Arvioija sanoo Robertille.
”Voin kuunnella sinua ja musiikkia samaan aikaan”, Robert sanoo.
”Jos todella haluat töitä, laita soitin pois ja kuuntele tarkasti, mitä sanon” herra Arvioija sanoo. ”Nyt pojat, kertokaahan minkälaista työtä tarvitsette? Haluatteko kevyttä vai fyysistä työtä?”
”Voin tehdä mitä töitä vaan”, Paul sanoo. ”Olen vahva. Haluatko vääntää kättä?” hän kysyy ja laittaa käsivartensa herra Arvioijan pöydälle.
”Tämä ei ole urheilukerho, mutta jos haluat...”, herra Arvioija sanoo. Hän laittaa käsivartensa pöydälle ja vääntää nopeasti Paulin käsivarren alas. ”Kuten näet poika, sinun ei tarvitse olla vain vahva, vaan myös fiksu.”
”Minä osaan tehdä kevyitäkin töitä”, Paul sanoo. Hän haluaa todella paljon saada työtä. ”Minä osaan kirjoittaa tarinoita. Minulla on joitain tarinoita kotikaupungistani.”
”Tämä on todella mielenkiintoista” herra Arvioija sanoo. Hän ottaa
paperin. ”Kustannustalo ’Monitaitoinen’ tarvitsee nuorta apulaista kirjoittajaksi. He maksavat yhdeksän dollaria tunnilta.”
”Siistiä!”, Paul sanoo. ”Voinko yrittää sitä?”
”Totta kai. Tässä on heidän puhelinnumeronsa ja osoitteensa” herra Arvioija sanoo ja antaa paperin Paulille.
”Ja te pojat voitte valita töistä maatilalla, tietokonefirmassa, sanomalehdessä tai supermarketissa. Koska teillä ei ole yhtään kokemusta, suosittelen, että aloitatte töissä maatilalla. He tarvitsevat kaksi työntekijää”, herra Arvioija sanoo Davidille ja Robertille.
”Paljonko he maksavat?” David kysyy.
”Annas kun katson...” herra Arvioija katsoo tietokoneelta. ”He tarvitsevat työntekijöitä kolmeksi tai neljäksi tunniksi päivässä ja maksavat seitsemän dollaria tunnilta. Lauantait ja sunnuntait ovat vapaapäiviä. Käykö se teille?” hän kysyy.
”Minulle käy”, David sanoo.
”Minulle käy myös”, Robert sanoo.
”Hyvä. Ottakaa maatilan puhelinnumero ja osoite”, herra Arvioija sanoo ja antaa paperin heille.
”Kiitos”, pojat sanovat ja menevät ulos.

„Ja“, sagt David. „Wir haben drei, vier Stunden frei pro Tag. Wir brauchen für diese Zeit einen Job.“
„Gut, ich habe ein paar Jobs für Studenten. Und du, mach deinen CD-Spieler aus“, sagt Herr Estimator zu Robert.
„Ich kann gleichzeitig Ihnen zuhören und Musik hören“, sagt Robert.
„Wenn du ernsthaft einen Job willst, mach die Musik aus und hör mir genau zu“, sagt Herr Estimator. „Also, was für einen Job wollt ihr denn. Wollt ihr Hand-oder Kopfarbeit?
„Ich kann jede Arbeit machen“, sagt Paul. „Ich bin stark. Wollen Sie es testen?“, fragt er und stützt seinen Arm auf Herrn Estimators Tisch auf.
„Das hier ist kein Sportverein, aber wenn du willst...“, sagt Herr Estimator. Er stützt seinen Arm auf den Tisch auf und drückt Pauls Arm schnell nach unten. „Wie du siehst, musst du nicht nur stark, sondern auch schlau sein.“
„Ich kann auch Denkarbeit machen“, sagt Paul. Er will unbedingt einen Job. „Ich kann Geschichten schreiben. Ich habe ein paar Geschichten über meine Heimatstadt.“
„Das ist sehr interessant“, sagt Herr Estimator. Er greift nach einem Blatt Papier. „Der Verlag ‚All-Round‘ braucht einen jungen Helfer als Schreiber. Sie zahlen neun Dollar pro Stunde.”
„Super“, sagt Paul. „Kann ich das versuchen?“
„Natürlich. Hier sind Telefonnummer und Adresse“, sagt Herr Estimator und gibt Paul ein Blatt Papier.
„Und ihr Jungs könnt zwischen einem Job auf einem Bauernhof, in einer Computerfirma, bei einer Zeitung oder im Supermarkt wählen. Da ihr keine Erfahrung habt, empfehle ich euch, mit der Arbeit auf dem Bauernhof anzufangen. Sie brauchen zwei Arbeiter“, sagt Herr Estimator zu David und Robert.
„Wie viel zahlen sie?“, fragt David.
„Mal sehen...“ Herr Estimator schaut auf den Computer. „Sie brauchen Arbeiter für drei oder vier Stunden am Tag und zahlen sieben Dollar pro Stunde. Samstag und Sonntag sind frei. Seid ihr einverstanden?“, fragt er.
„Ja, bin ich“, sagt David.
„Ich auch“, sagt Robert.
„Gut, nehmt die Telefonnummer und die Adresse des Bauernhofs“, sagt Herr Estimator und gibt ihnen ein Blatt Papier.
„Danke schön, Herr Estimator“, sagen die Jungs und gehen nach draußen.

19

David ja Robert pesevät kuorma-autoa (osa 1)

David und Robert waschen den Laster (Teil 1)

A

Sanat

1. aalto - die Welle
2. ajokortti - der Führerschein
3. aloittaa, alkaa, käynnistää - anfangen
4. astua, painaa - treten
5. edemmäs, kauemmas - weiter
6. ensimmäiseksi - erst
7. etupuoli, etu- - vorn
8. eturenkaat - die Vorderräder
9. hiljaa, hitaasti - langsam
10. isompi - größer
11. jarru - die Bremse
12. jarruttaa - bremsen
13. kahdeksas - achter
14. kaukana - weit
15. käyttää - benutzen
16. keinua - schaukeln
17. kellua - treiben
18. kolmas - dritter
19. kone - die Maschine
20. kuudes - sechster
21. kymmenes - zehnter
22. laatikko - die Kiste
23. lähellä - nahe
24. lähempänä - näher
25. laiva - das Schiff
26. lastata - laden
27. melko - ziemlich
28. merenranta - die Küste
29. meri - das Meer
30. metri - der Meter

31. moottori - der Motor
32. neljäs - vierter
33. odottaa - warten
34. omistaja - der Besitzer
35. paljon - viel
36. pelto - das Feld
37. pestä - waschen, putzen
38. piha - der Hof
39. pitkin, myöten - entlang
40. purkaa - abladen
41. rengas - das Rad
42. saapua - ankommen
43. seitsemäs - siebter
44. siemen - das Saatgut
45. siivota, siistiä - sauber machen, putzen
46. sopiva - passend
47. tarkistaa - kontrollieren
48. tie, katu - die Straße
49. toinen - zweiter
50. työnantaja - der Arbeitgeber
51. viides - fünfter
52. voima - die Stärke
53. yhdeksäs - neunter

B

David ja Robert pesevät kuorma-autoa (osa 1)

David ja Robert ovat nyt työskentelemässä maatilalla. He työskentelevät kolme tai neljä tuntia päivässä. Työ on melko raskasta. Heidän pitää tehdä paljon töitä joka päivä. He siivoavat maatilan pihan joka toinen päivä. He pesevät maatilan koneet joka kolmas päivä. Joka neljäntenä päivänä he työskentelevät maatilan pelloilla.

Heidän työnantajansa nimi on Daniel Ankara. Herra Ankara on maatilan omistaja ja hän tekee eniten töitä. Herra Ankara työskentelee hyvin ahkerasti. Hän antaa myös paljon töitä Davidille ja Robertille.

”Hei pojat, siistikää koneet loppuun, ottakaa kuorma-auto ja menkää kuljetusyritys Vikkelään”, herra Ankara sanoo. ”Heillä on kuorma minulle. Lastatkaa siemenlaatikot kuorma-autoon, tuokaa ne maatilalle ja purkakaa maatilan pihalle. Tehkää se nopeasti, koska minun pitää käyttää siemenet tänään. Ja älkää unohtako pestä kuorma-autoa.”

”Selvä”, David sanoo. He siistivät koneet ja nousevat kuorma-autoon. Davidilla on ajokortti, joten hän ajaa kuorma-autoa. Hän käynnistää moottorin ja ajaa ensin hitaasti maatilan pihan läpi ja sitten nopeasti tietä pitkin. Kuljetusyritys Vikkelä ei ole kaukana maatilasta. He saapuvat sinne viidessätoista minuutissa. Siellä he etsivät lastausovea numero kymmenen.

David ajaa kuorma-auton huolellisesti lastauspihan läpi. He ohittavat ensimmäisen lastausoven, toisen, kolmannen, neljännen, viidennen, kuudennen, seitsemännen, kahdeksannen ja sitten yhdeksännen lastausoven. David ajaa kymmenennelle

David und Robert waschen den Laster (Teil 1)

David und Robert arbeiten jetzt auf einem Bauernhof. Sie arbeiten drei, vier Stunden am Tag. Die Arbeit ist ziemlich schwer. Sie müssen jeden Tag viel arbeiten. Sie machen den Hof jeden zweiten Tag sauber. Sie putzen die Maschinen jeden dritten Tag. Jeden vierten Tag arbeiten sie auf den Feldern.

Ihr Arbeitgeber heißt Daniel Tough. Herr Tough ist der Besitzer des Bauernhofs und macht die meiste Arbeit. Herr Tough arbeitet sehr hart. Er gibt David und Robert auch viel Arbeit.

„Hey Jungs, macht die Maschinen fertig sauber und fährt dann mit dem Laster zur Transportfirma Rapid“, sagt Herr Tough. „Sie haben eine Ladung für mich. Ladet die Kisten mit dem Saatgut auf den Laster, bringt sie zum Bauernhof und ladet sie auf dem Hof ab. Beeilt euch, denn ich brauche das Saatgut heute. Und vergesst nicht, den Laster zu waschen.“

„Okay“, sagt David. Sie machen die Maschine fertig sauber und steigen in den Laster. David hat einen Führerschein, deswegen fährt er. Er macht den Motor an, fährt erst langsam durch den Hof und dann schnell die Straße entlang. Die Transportfirma Rapid ist nicht weit vom Bauernhof. Sie kommen dort nach fünfzehn Minuten an. Dort suchen sie die Verladetür Nummer zehn.

David fährt den Laster vorsichtig über den Hof. Sie fahren an der ersten Verladetür vorbei, an der zweiten, an der dritten, an der vierten, an der fünften, an der sechsten, an der siebten, an der achten und dann an der neunten. David fährt zur zehnten Verladetür und

lastausovelle ja pysähtyy.
”Meidän pitää tarkistaa lastauslista ensin”, sanoo Robert, jolla on jo vähän kokemusta tämän kuljetusyrityksen lastauslistoista. Hän menee lastaajan luokse, joka työskentelee ovella ja antaa hänelle lastauslistan. Lastaaja lastaa nopeasti viisi laatikkoa heidän kuorma-autoonsa. Robert tarkistaa laatikot huolellisesti. Kaikki laatikoissa olevat numerot ovat lastauslistalta.
”Numerot ovat oikein. Me voimme nyt lähteä”, Robert sanoo.
”Okei”, David sanoo ja käynnistää moottorin. ”Minä luulen, että me voimme pestä kuorma-auton nyt. Sopiva paikka ei olisi kaukana täältä.”
Viiden minuutin kuluttua he saapuvat meren rannalle.
”Haluatko sinä pestä kuorma-auton täällä?” Robert kysyy yllättyneenä.
”Joo! Tämä on hieno paikka, eikö olekin?” David sanoo. ”Ja mistä me saamme sangon?” Robert kysyy. ”Emme me tarvitse mitään sankoa. Minä ajan hyvin lähelle merta. Me otamme veden merestä”, David sanoo ja ajaa hyvin lähelle vettä. Eturenkaat ovat vedessä ja aallot osuvat niihin.
”Mennään ulos ja aletaan pestä”, Robert sanoo.
”Odota hetki. Minä ajan pikkuisen lähemmäs”, David sanoo ja ajaa yhden tai kaksi metriä edemmäs. ”Näin on parempi.”
Sitten tulee isompi aalto ja vesi nostaa hieman kuorma-autoa ja kuljettaa sitä hitaasti kauemmas mereen.
”Seis! David, pysäytä kuorma-auto!” Robert huutaa. ”Me olemme jo vedessä! Pysäytä, ole kiltti!”
”Se ei pysähdy!” David huutaa astuen jarrun päälle koko voimallaan. ”Minä en saa sitä pysähtymään.”
Kuorma-auto kelluu hitaasti kauemmas mereen keinuen aalloissa kuin pieni laiva.

(jatkuu)

hält an.
„Wir müssen erst die Ladeliste kontrollieren“, sagt Robert, der schon Erfahrung mit den Ladelisten in dieser Firma hat. Er geht zum Verlader, der an der Tür arbeitet, und gibt ihm die Ladeliste. Der Verlader lädt schnell fünf Kisten in ihren Laster. Robert kontrolliert die Kisten sorgfältig. Alle Kisten haben Nummern von der Ladeliste.

„Die Nummern stimmen. Wir können jetzt gehen“, sagt Robert.
„Okay“, sagt David und macht den Motor an. „Ich denke, wir können jetzt den Laster waschen. Nicht weit von hier ist ein passender Ort“.

Nach fünf Minuten kommen sie an die Küste.
„Willst du den Laster hier waschen?“, fragt Robert überrascht.
„Ja! Schöner Platz, nicht?“, sagt David.
„Und woher bekommen wir einen Eimer?“, fragt Robert.
„Wir brauchen keinen Eimer. Ich fahre ganz nah ans Meer. Wir nehmen das Wasser aus dem Meer“, sagt David und fährt ganz nah ans Wasser. Die Vorderräder stehen im Wasser und die Wellen umspülen sie.
„Lass uns aussteigen und anfangen, zu waschen“, sagt Robert.
„Warte kurz, ich fahre noch etwas näher ran“, sagt David und fährt ein, zwei Meter weiter. „So ist es besser“.
Da kommt eine größere Welle und das Wasser hebt den Laster ein bisschen nach oben und trägt ihn langsam weiter ins Meer.
„Stopp! David, halte den Laster an!“, ruft Robert. „Wir sind schon im Wasser! Bitte, halte an!“
„Er hält nicht an!“, ruft David und tritt mit aller Kraft die Bremse. „Ich kann ihn nicht anhalten.“
Der Laster treibt langsam weiter aufs Meer und schaukelt auf den Wellen wie ein kleines Schiff.

(Fortsetzung folgt)

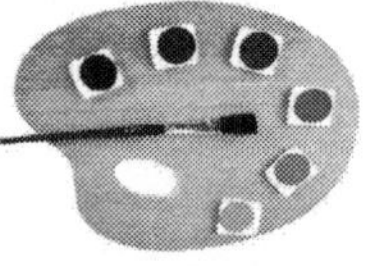

20

David ja Robert pesevät kuorma-autoa (osa 2)

David und Robert waschen den Laster (Teil 2)

A

Sanat

1. ei koskaan - nie
2. erottaa - feuern
3. esimerkiksi - zum Beispiel
4. esimerkki - das Beispiel
5. hallinta, valvonta - die Kontrolle
6. halusi - wollte
7. huominen, huomenna - morgen
8. ilmoittaa, kertoa, informoida, tiedottaa - informieren, mitteilen
9. jatkuva - beständig
10. kaksikymmentäviisi - fünfundzwanzig
11. kelluminen - das Treiben
12. kulku, virtaus - der Fluss
13. kuntouttaa - gesund pflegen
14. kuntoutus - die Genesung, Rehabilitation
15. lintu - der Vogel
16. miekkavalas - der Schwertwal
17. nauraa - lachen
18. nauttia - Spaß haben, genießen
19. nielaista - (hinunter)schlucken
20. ohjata - lenken
21. oikea - rechts
22. olivat - waren
23. onnettomuus, vahinko - der Unfall
24. pelastaa - retten
25. pelastuspalvelu - der Rettungsdienst
26. pesty - gesäubert
27. puhe - die Rede
28. raha - das Geld
29. rakas - lieber, liebe
30. ranta - die Küste
31. ruokkia - füttern
32. seremonia, juhlatilaisuus - die Feier
33. sitten - vor

34. tankki - der Tanker
35. tapahtua - passieren
36. tapahtunut - passiert
37. tappaja - der Mörder
38. tilanne - die Situation
39. toimittaja - der Journalist
40. tuuli - der Wind
41. uida - schwimmen
42. uskomaton - wunderbar
43. valas - der Wal
44. valokuvata; valokuvaaja - fotografieren, der Fotograf
45. vapauttaa, päästää vapaaksi - freisetzen
46. vasen - links
47. vuosi sitten - vor einem Jahr
48. öljy - das Öl

B

David ja Robert pesevät kuorma-autoa (osa 2)

Kuorma-auto kelluu kauemmas mereen keinuen aalloissa kuin pieni laiva.
David ohjaa vasemmalle ja oikealle painaen jarrua ja kaasua. Mutta hän ei saa hallittua kuorma-autoa. Voimakas tuuli työntää sitä merenrantaa myöden. David ja Robert eivät tiedä, mitä tehdä. He vain istuvat katsoen ulos ikkunasta. Merivettä alkaa tulla sisälle kuorma-autoon.
"Mennään ulos istumaan katolle", Robert sanoo.
He istuvat katolla.
"Mietin sitä, mitähän herra Ankara sanoo?" Robert sanoo.
Kuorma-auto kelluu hitaasti noin kaksikymmentä metriä pois rannasta. Jotkut ihmiset rannalla pysähtyvät ja katsovat sitä yllättyneenä.
"Herra Ankara saattaa hyvinkin erottaa meidät", David vastaa.

Sillä välin yliopiston rehtori, herra Haukka tulee toimistoonsa. Sihteeri sanoo hänelle, että tänään tulee olemaan seremonia. He aikovat vapauttaa kaksi merilintua kuntoutuksen jälkeen. Kuntoutuskeskuksen työntekijät puhdistivat niistä öljyä pois tankki Gran Polluciónin onnettomuuden jälkeen. Onnettomuus tapahtui kuukausi sitten. Herra Haukan täytyy pitää puhe siellä. Seremonia alkaa kahdenkymmenenviiden minuutin kuluttua. Herra Haukka ja hänen sihteerinsä ottavat taksin ja saapuvat kymmenessä minuutissa seremoniapaikalle. Kyseiset kaksi lintua ovat jo siellä. Nyt ne eivät ole yhtä valkoisia kuin yleensä. Mutta nyt ne voivat jälleen uida ja lentää. Paikalla on paljon ihmisiä, toimittajia ja valokuvaajia. Seremonia alkaa kaksi minuuttia myöhemmin.Herra Haukka aloittaa puheensa.

David und Robert waschen den Laster (Teil 2)

Der Laster treibt langsam weiter aufs Meer und schaukelt auf den Wellen wie ein kleines Schiff. David lenkt nach links und nach rechts, während er auf die Bremse und aufs Gas tritt. Aber er kann den Laster nicht kontrollieren. Ein starker Wind trägt ihn die Küste entlang. David und Robert wissen nicht, was sie tun sollen. Sie sitzen einfach da und schauen aus dem Fenster. Das Meerwasser beginnt, in den Laster zu laufen.
„Lass uns nach draußen gehen und uns aufs Dach setzen", sagt Robert.
Sie setzen sich aufs Dach.
„Ich frage mich, was Herr Tough sagen wird", sagt Robert.
Der Laster treibt langsam etwa zwanzig Meter von der Küste entfernt. Einige Leute an der Küste bleiben stehen und schauen verwundert.
„Herr Tough wird uns wohl feuern", antwortet David.

In der Zwischenzeit kommt der Direktor der Universität, Herr Kite, in sein Büro. Die Sekretärin sagt ihm, dass es heute eine Feier gibt. Sie werden zwei Vögel nach deren Genesung freisetzen. Arbeiter des Rehabilitationszentrums haben sie nach dem Unfall mit dem Tanker Gran Pollución von Öl gesäubert. Der Unfall passierte vor einem Monat. Herr Kite muss dort eine Rede halten. Die Feier beginnt in fünfundzwanzig Minuten.
Herr Kite und seine Sekretärin nehmen ein Taxi und kommen nach zehn Minuten am Ort der Feier an. Die zwei Vögel sind bereits da. Jetzt sind sie nicht so weiß wie normalerweise. Aber sie können wieder schwimmen und fliegen. Es sind viele Menschen, Journalisten und Fotografen da. Zwei Minuten später beginnt die Feier. Herr Kite beginnt seine Rede.

"Rakkaat ystävät!" hän sanoo. "Tässä paikassa tapahtui kuukausi sitten Gran Polluciónin onnettomuus. Meidän pitää nyt kuntouttaa monia lintuja ja eläimiä. Se vaatii paljon rahaa. Esimerkiksi näiden kahden linnun kuntoutus maksoi 5000 dollaria. Ja nyt minä voin ilokseni kertoa, että yhden kuukauden kuntoutuksen jälkeen nämä kaksi upeaa lintua vapautetaan." Kaksi miestä ottavat lintujen laatikon, vievät sen veteen ja avaavat sen. Linnut tulivat ulos laatikosta ja hyppäsivät sitten veteen ja uivat. Valokuvaajat ottavat kuvia. Toimittajat kyselevät kuntoutuskeskuksen työntekijöiltä eläimistä. Yhtäkkiä iso miekkavalas nousee ylös, nielaisee nuo kaksi lintua nopeasti ja menee takaisin alas. Kaikki ihmiset katsovat paikkaa, missä linnut olivat aikaisemmin. Yliopiston rehtori ei usko silmiään. Miekkavalas nousee ylös uudestaan etsien lisää lintuja. Koska siellä ei ole muita lintuja, se menee takaisin alas. Herra Haukan pitää lopettaa puheensa. "Ööh.." Hän valitsee sopivia sanoja. "Uskomaton elämän jatkuva kiertokulku ei koskaan lopu. Isommat eläimet syövät pienempiä eläimiä ja niin edelleen… öö.. Mikä tuo on?" hän sanoo katsoen veteen. Kaikki ihmiset katsovat sinne ja näkevät ison kuorma-auton kelluvan rantaa myöden keinuen aalloissa kuin pieni laiva. Kaksi kaveria istuu sen päällä katsoen seremoniapaikkaa. "Hei herra Haukka", Robert sanoo. "Miksi ruokitte miekkavalaita linnuilla?" "Hei Robert", herra Haukka vastaa. "Mitä te teette täällä, pojat?" "Me halusimme pestä kuorma-auton", David vastaa. "Minä huomaan sen", herra Haukka sanoo. Jotkut ihmisistä alkavat nähdä jotain hassua tässä tilanteessa. He alkavat nauraa. "No, minä soitan nyt pelastuspalvelun. He auttavat teidät pois vedestä. Ja minä haluan tavataeidät toimistossani huomenna", yliopiston rehtori sanoo ja soittaa pelastuspalveluun.	*„Liebe Freunde", sagt er. „Vor einem Monat passierte an dieser Stelle der Unfall mit dem Tanker Gran Pollución. Wir müssen jetzt viele Vögel und Tiere gesund pflegen. Das kostet viel Geld. Die Rehabilitation dieser zwei Vögel zum Beispiel kostet fünftausend Dollar. Und es freut mich, Ihnen mitteilen zu können, dass diese zwei wunderbaren Vögel nach einem Monat Rehabilitation freigesetzt werden."* *Zwei Männer nehmen die Kiste mit den Vögeln, bringen sie zum Wasser und öffnen sie. Die Vögel kommen aus der Kiste, springen ins Wasser und schwimmen. Die Fotografen machen Fotos. Die Journalisten befragen Arbeiter des Rehabilitationszentrums über die Tiere.* *Plötzlich taucht ein großer Schwertwal auf, schluckt schnell die zwei Vögel hinunter und verschwindet wieder. Alle Leute sehen auf die Stelle, an der die Vögel zuvor gewesen waren. Der Direktor der Universität traut seinen Augen nicht. Der Schwertwal taucht wieder auf und sucht nach mehr Vögeln. Da es keine Vögel mehr gibt, verschwindet er wieder. Herr Kite muss seine Rede beenden.* *„Ähm..." Er sucht nach passenden Worten. „Der wundervolle, beständige Fluss des Lebens hört nie auf. Größere Tiere essen kleinere Tiere und so weiter... Ähm... Was ist das?", fragt er aufs Wasser schauend. Alle schauen aufs Wasser und sehen einen großen Laster, der die Küste entlang treibt und auf den Wellen schaukelt wie ein Schiff. Zwei Jungen sitzen auf ihm und schauen zum Platz der Feier.* *„Hallo Herr Kite", sagt Robert. „Warum füttern Sie Schwertwale mit Vögeln?"* *„Hallo Robert", antwortet Herr Kite. „Was macht ihr da, Jungs?"* *„Wir wollten den Laster waschen", sagt David.* *„Alles klar", sagt Herr Kite. Einige Leute beginnen, an der Situation ihren Spaß zu haben. Sie fangen an, zu lachen.* *„Gut, ich rufe jetzt den Rettungsdienst. Der wird euch aus dem Wasser holen. Und ich möchte euch morgen in meinem Büro sehen", sagt der Direktor der Universität und ruft den Rettungsdienst.*

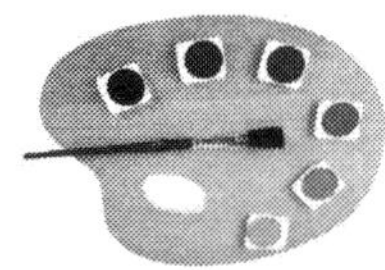

21

Oppitunti

Eine Unterrichtsstunde

Sanat

1. aina - immer
2. asia, esine, "juttu" - das Ding, die Sache
3. hiekka - der Sand
4. huolehtia jostakin - sich kümmern um
5. huomio - die Aufmerksamkeit
6. ilman - ohne
7. ilman sanoja, sanomatta sanaakaan - wortlos
8. joka - der, die, das *(konj.)*
9. kaataa - schütten, gießen
10. kevyesti - leicht
11. kiinnittää huomiota johonkin, huomioida jotakin - achten auf
12. kivi - der Stein
13. kuluttaa, käyttää - ausgeben, verwenden
14. lääketieteellinen - medizinisch
15. lapset - die Kinder
16. luokka - die Klasse
17. menettää - verlieren
18. muu, muut - anders, sonst
19. oikeasti, todella - wirklich
20. onnellisuus - das Glück
21. pieni - klein
22. poikaystävä - der Freund
23. purkki - der Krug
24. säilyä, pysyä - bleiben
25. sijasta, sen sijaan - stattdessen
26. silti - noch, weiterhin
27. tämä asia, tämä "juttu" - diese Dinge
28. tärkeä - wichtig
29. televisio - der Fernseher

30. terveys - die Gesundheit
31. tyhjä - leer
32. tyttöystävä - die Freundin
33. vähemmän - weniger
34. välissä - zwischen
35. vanhempi - die Eltern

Oppitunti

Yliopiston rehtori seisoo luokan edessä. Hänen edessään pöydällä on joitain laatikoita ja muita tavaroita. Kun oppitunti alkaa, hän ottaa ison, tyhjän purkin ja täyttää sen isoilla kivillä sanomatta mitään.
"Ajatteletteko, että purkki on jo täynnä?" hra Haukka kysyy opiskelijoilta.
"Kyllä, se on", opiskelijat ovat samaa mieltä.
Sitten hän ottaa laatikon, jossa on hyvin pieniä kiviä, ja kaataa ne purkkiin. Hän ravistelee purkkia kevyesti. Pienet kivet täyttävät tietenkin isojen kivien välissä olevat tilat.
"Mitä te ajattelette nyt? Purkki on jo täynnä, eikö olekin?" hra Haukka kysyy heiltä uudestaan.
"Kyllä, se on. Se on täynnä nyt", opiskelijat ovat taas samaa mieltä. He alkavat nauttia tästä oppitunnista. He alkavat nauraa.
Sitten hra Haukka ottaa laatikon, jossa on hiekkaa, ja kaataa sen purkkiin. Tietenkin hiekka täyttää kaiken jäljellä olevan tilan.
"Nyt minä haluan, että ajattelette tätä purkkia ihmisen elämänä. Isot kivet ovat tärkeitä asioita - perheesi, tyttöystäväsi tai poikaystäväsi, terveytesi, lapsesi, vanhempasi - asioita, jotka täyttävät elämäsi, vaikka menettäisit kaiken muun ja vain ne säilyisivät. Pienet kivet ovat muita asioita, jotka ovat vähemmän tärkeitä. Ne ovat asioita, kuten talosi, työpaikkasija autosi. Hiekka on kaikki muu - pienet asiat. Jos laitat hiekan purkkiin ensimmäiseksi, siellä ei ole tilaa pienille tai isoille kiville. Sama pätee elämään. Jos käytät kaiken aikasi ja energiasi pieniin asioihin, sinulla ei ole tilaa asioille, jotka ovat tärkeitä sinulle. Huomioi asiat, jotka ovat kaikkein tärkeimpiä onnellisuudellesi. Leiki lastesi tai pelaa vanhempiesi kanssa. Käytä aikaa mennäksesi lääketieteellisiin testeihin. Vie tyttöystäväsi tai poikaystäväsi kahvilaan. Aina tulee olemaan aikaa mennä töihin, siivota talo ja katsoa televisiota", hra Haukka sanoo. "Huolehdi isoista kivistä ensin - asioista, jotka ovat oikeasti tärkeitä. Kaikki muu on

Eine Unterrichtsstunde

Der Direktor der Universität steht vor der Klasse. Auf dem Tisch vor ihm liegen Kisten und andere Dinge. Als der Unterricht beginnt, nimmt er einen großen, leeren Krug und füllt ihn wortlos mit großen Steinen.

„Meint ihr, dass der Krug schon voll ist?", fragt Herr Kite die Studenten.
„Ja, das ist er", stimmen die Studenten zu.
Da nimmt er eine Kiste mit sehr kleinen Steinen und schüttet sie in den Krug. Er schüttelt den Krug leicht. Die kleinen Steine füllen natürlich den Platz zwischen den großen Steinen.
„Was meint ihr jetzt? Der Krug ist voll, oder nicht?", fragt Herr Kite wieder.
„Ja, das ist er. Er ist jetzt voll", stimmen die Studenten wieder zu. Der Unterricht beginnt, ihnen Spaß zu machen. Sie lachen.
Da nimmt Herr Kite eine Kiste mit Sand und schüttet ihn in den Krug. Der Sand füllt natürlich den restlichen Platz.
„Jetzt möchte ich, dass ihr in diesem Krug das Leben seht. Die großen Steine sind wichtige Dinge - eure Familie, eure Freundin oder euer Freund, Gesundheit, Kinder, Eltern - Dinge, die euer Leben, wenn ihr alles verliert und nur sie bleiben, weiterhin füllen. Kleine Steine sind andere Dinge, die weniger wichtig sind. Dinge wie euer Haus, Job, Auto. Der Sand ist alles andere - die kleinen Dinge. Wenn ihr zuerst Sand in den Krug füllt, bleibt kein Platz für kleine oder große Steine. Das Gleiche gilt fürs Leben. Wenn ihr eure ganze Zeit und Energie für die kleinen Dinge verwendet, werdet ihr nie Platz für die Dinge haben, die euch wichtig sind. Achtet auf Dinge, die für euer Glück am wichtigsten sind. Spielt mit euren Kindern oder Eltern. Nehmt euch die Zeit für medizinische Untersuchungen. Geht mit eurer Freundin oder eurem Freund ins Café. Es wird immer Zeit bleiben, um zu arbeiten, das Haus zu putzen oder fernzusehen", sagt Herr Kite. „Kümmert euch erst um die großen Steine - um die Dinge, die wirklich wichtig sind. Alles andere ist nur Sand." Er sieht die Studenten an. „Nun, Robert

vain hiekkaa." Hän katsoo opiskelijoita. "Nyt Robert ja David, mikä on tärkeämpää teille - kuorma-auton peseminen vai teidän elämänne? Te kellutte kuorma-autolla meressä niin kuin laivalla, vain koska te halusitte pestä kuorma-auton. Luuletteko, että ei ole toista tapaa pestä sitä?"
"Ei, me emme luule niin", David sanoo.
"Kuorma-auton voi pestä pesuasemalla sen sijaan, eikö niin?" sanoo hra Haukka.
"Kyllä, niin voi", sanovat opiskelijat.
"Teidän pitää aina harkita, ennen kuin teette jotakin. Teidän pitää aina huolehtia isoista kivistä, eikö niin?"
"Kyllä, meidän pitää", vastaavat opiskelijat.

und David, was ist euch wichtiger - einen Laster zu waschen oder euer Leben? Ihr treibt auf einem Laster im Meer wie auf einem Schiff, nur weil ihr den Laster waschen wolltet. Glaubt ihr, dass es keine andere Möglichkeit gibt, ihn zu waschen?"

„Nein, das glauben wir nicht", sagt David.
„Man kann einen Laster stattdessen in einer Waschanlage waschen, nicht wahr?", sagt Herr Kite.
„Ja, das kann man", sagen die Studenten.
„Ihr müsst immer erst nachdenken, bevor ihr handelt. Ihr müsst euch immer um die großen Steine kümmern, okay?"
„Ja, das müssen wir", antworten die Studenten.

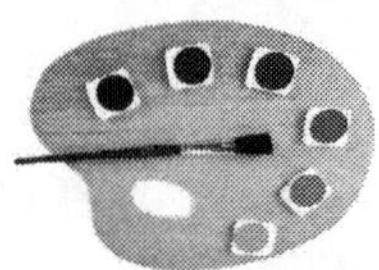

22

Paul työskentelee kustantamossa
Paul arbeitet in einem Verlag

A

Sanat

1. aikakauslehti - die Zeitschrift
2. ammatti - der Beruf
3. asiakas - der Kunde
4. ei kukaan - niemand
5. ei mitään - nichts
6. erilainen - verschieden
7. hauska - lustig
8. ihminen - der Mensch
9. jne. - usw.
10. kävelevä, kävellen - laufend
11. kehittää - entwickeln
12. kieltäytyä - ablehnen
13. kolmekymmentä - dreißig
14. koordinaatio - die Koordination
15. koska, lähtien - da, weil
16. kylmä - kalt
17. kylmyys - die Kälte
18. laatia, kirjoittaa - entwerfen, verfassen
19. leikkiminen - das Spielen
20. luova - kreativ
21. maailma - die Welt
22. mahdollinen - möglich
23. moi, hei - hallo
24. myydä - verkaufen
25. nauhoittaa - aufnehmen
26. nenä - die Nase
27. niin usein kuin mahdollista - so oft wie möglich
28. nukkua - schlafen
29. pihalla, ulkona - draußen
30. piippaus - der Piepton
31. pimeä - dunkel
32. portaat, rappuset - die Treppe
33. puhelinvastaaja - der Anrufbeantworter
34. puhua - sich unterhalten
35. saada - bekommen
36. sääntö - die Regel
37. sade; sataa - der Regen
38. sanomalehti - die Zeitung
39. soittaa (puhelimella) - anrufen

40. surullinen - traurig
41. taito - die Fähigkeit
42. tarina - die Geschichte
43. teksti - der Text
44. teksti, kirjoitus - der Entwurf, der Text
45. tuleva, tulevaisuuden - zukünftig
46. vähintään, ainakin - wenigstens
47. vaikea - schwer
48. valmis - fertig
49. valmistaa - herstellen
50. varsinkin, etenkin - vor allem
51. yhtiö, firma - die Firma

B

Paul työskentelee kustantamossa

Paul työskentelee nuorena apulaisena kustantamo Monitaitoisessa. Hän tekee kirjoitustöitä.
”Paul, meidän firmamme nimi on Monitaitoinen”, firman johtaja herra Kettu sanoo. ”Ja setarkoittaa, että me voimme tehdä minkä tahansa tekstin ja suunnittelutyön mille tahansa asiakkaalle tahansa. Me saamme monia toimeksiantoja sanomalehdiltä, aikakauslehdiltä ja muilta asiakkailta. Kaikki toimeksiannot ovat erilaisia, mutta me emme koskaan kieltäydy yhdestäkään.”
Paul pitää tästä työpaikasta paljon, koska hän voi kehittää luovia taitojaan. Hän nauttii luovista töistä, kuten kirjoittamisesta ja suunnittelusta. Koska hän opiskelee suunnittelua yliopistossa, se on oikein sopiva työpaikka hänen tulevaa ammattiaan ajatellen.
Herra Ketulla on tänään joitain uusia tehtäviä hänelle. ”Meillä on muutamia toimeksiantoja. Sinä voit tehdä kaksi niistä”, herra Kettu sanoo. ”Ensimmäinen toimeksianto on puhelinyhtiöltä. He valmistavat vastaajilla varustettuja puhelimia. He tarvitsevat joitain hauskoja tekstejä vastaajiin. Mikään ei myy paremmin kuin hauskat asiat. Ole hyvä ja kirjoita neljä tai viisi tekstiä, kiitos.”
”Kuinka pitkiä niiden pitää olla?” Paul kysyy.
”Ne voivat olla viidestä kolmeenkymmeneen sanaan”, herra Kettu vastaa. ”Ja toinen toimeksianto on sanomalehdeltä ’Vihreä maailma’. Tämä sanomalehti kirjoittaa eläimistä, linnuista, kaloista jne. He tarvitsevat tekstin jostakin kotieläimestä. Se voi olla hauska tai surullinen tai vain tarina omasta eläimestäsi. Onko sinulle eläintä?”
”Kyllä, minulla on kissa. Sen nimi on Suosikki”, Paul vastaa. ”Ja minä luulen, että voin kirjoittaa tarinan sen tempuista. Koska tekstien pitää olla valmiita?”
”Näiden kahden toimeksiannon pitää olla valmiita huomiseksi”, herra Kettu vastaa.
”Selvä. Voinko aloittaa heti?” Paul kysyy.

Paul arbeitet in einem Verlag

Paul arbeitet als junger Helfer im Verlag All-Round. Er erledigt Schreibarbeiten.
„Paul, unsere Firma heißt All-Round“, sagt der Firmenchef Herr Fox. „Und das heißt, dass wir für jeden Kunden jede Art von Text und Design entwickeln können. Wir bekommen viele Aufträge von Zeitungen, Zeitschriften und anderen Kunden. Alle Aufträge sind verschieden, aber wir lehnen nie einen ab.“
Paul mag diesen Job sehr, da er kreative Fähigkeiten entwickeln kann. Kreative Arbeit wie Schreiben und Design gefällt ihm. Da er Design an der Universität studiert, ist es ein passender Job für seinen zukünftigen Beruf.
Heute hat Herr Fox neue Aufgaben für ihn.
„Wir haben einige Aufträge. Du kannst zwei davon erledigen“, sagt Herr Fox. „Der erste Auftrag ist von einer Telefonfirma. Sie stellen Telefone mit Anrufbeantwortern her. Sie brauchen ein paar lustige Texte für die Anrufbeantworter. Nichts verkauft sich besser als etwas Lustiges. Entwirf bitte vier, fünf Texte.“
„Wie lang sollen sie sein?“, fragt Paul.
„Sie können fünf bis dreißig Wörter haben“, antwortet Herr Fox. „Der zweite Auftrag ist von der Zeitung ‚Grüne Welt‘. Diese Zeitung schreibt über Tiere, Vögel, Fische usw. Sie brauchen einen Text über irgendein Haustier. Er kann lustig oder traurig sein oder einfach eine Geschichte über dein eigenes Haustier. Hast du ein Haustier?“
„Ja, ich habe eine Katze. Sie heißt Favorite“, antwortet Paul. „Und ich denke, ich kann eine Geschichte über ihre Streiche schreiben. Wann sollen die Texte fertig sein?“
„Diese zwei Aufträge sollen bis morgen fertig sein“, antwortet Herr Fox.
„Gut. Kann ich anfangen?“, fragt Paul.
„Ja“, sagt Herr Fox.

"Kyllä vaan", herra Kettu sanoo.

Paul bringt die Texte am nächsten Tag. Er hat fünf Texte für den Anrufbeantworter. Herr Fox liest sie:
1. „Hallo. Jetzt musst du etwas sagen".
2. „Hallo, ich bin ein Anrufbeantworter. Und was bist du?"
3. „Hallo. Außer meinem Anrufbeantworter ist gerade niemand zu Hause. Du kannst dich mit ihm unterhalten. Warte auf den Piepton".
4. „Das ist kein Anrufbeantworter. Das ist ein Gedankenaufnahmegerät. Nach dem Piepton denke an deinen Namen, den Grund, aus dem du anrufst, und die Nummer, unter der ich dich zurückrufen kann. Und ich werde darüber nachdenken, ob ich dich zurückrufe."
5. „Sprechen Sie nach dem Piepton! Sie haben das Recht, Ihre Aussage zu verweigern. Ich werde alles, was Sie sagen, aufzeichnen und verwenden."
„Nicht schlecht. Und was ist mit den Tieren?", fragt Herr Fox. Paul gibt ihm ein anderes Blatt. Herr Fox liest:

Paul tuo nuo tekstit seuraavana päivänä. Hänellä on viisi tekstiä puhelinvastaajalle. Herra Kettu lukee ne läpi:
1. "Moi. Nyt sinun pitää sanoa jotakin."
2. "Hei. Minä olen vastaaja. Mikä sinä olet?"
3. "Moi. Vastaajaani lukuun ottamatta kukaan ei ole nyt kotona. Voit keskustella hänen kanssaan. Odota piippausta."
4. "Tämä ei ole vastaaja. Tämä on ajatusten nauhoituslaite. Piippauksen jälkeen ajattele nimeäsi, soittosi syytä ja numeroa, johon minä voin soittaa sinulle takaisin. Ja minä mietin, soitanko sinulle takaisin."
5. "Puhu piippauksen jälkeen! Sinulla on oikeus pysyä hiljaa. Minä nauhoitan ja käytän kaikkea sanomaasi."
"Ei hullumpaa. Ja mitenkäs on eläintarinoiden laita?" herra Kettu kysyy. Paul antaa hänelle toisen paperiarkin. Herra Kettu lukee:

Sääntöjä kissoille

Regeln für Katzen

Juokseminen:
Juokse nopeasti ja ihmisen läheltä hänen eteensä niin usein kuin mahdollista, varsinkin portaissa, silloin, kun he kantavat jotain käsissään, pimeässä ja kun he nousevat aamulla. Tämä harjoittaa heidän koordinaatiotaan.

Laufen:
Renne so oft wie möglich schnell und nahe an einem Menschen vorbei, vor allem: auf Treppen, wenn sie etwas tragen, im Dunkeln und wenn sie morgens aufstehen. Das trainiert ihre Koordination.

Sängyssä:
Nuku aina öisin ihmisen päällä sängyssä, niin, että hän ei pääse kääntymään. Yritä maata hänen kasvoillaan. Huolehdi, että häntäsi on aivan hänen nenällään.

Im Bett:
Schlafe nachts immer auf dem Menschen, damit er sich nicht umdrehen kann. Versuche, auf seinem Gesicht zu liegen. Vergewissere dich, dass dein Schwanz genau auf seiner Nase liegt.

Nukkuminen:
Jotta leikkimiseen olisi tarpeeksi energiaa, kissan pitää nukkua paljon (vähintään 16 tuntia päivässä). Ei ole vaikeaa löytää sopivaa nukkumispaikkaa. Mikä tahansa paikka, jossa ihminen tykkää istua, on hyvä. Pihalla on myös monia hyviä paikkoja. Mutta et voi käyttää niitä silloin kun sataa tai kun on kylmä. Voit käyttää avointa ikkunaa sen sijaan.
Herra Kettu nauraa.
"Hyvää työtä, Paul! Minä luulen, että sanomalehti 'Vihreä maailma' pitää kirjoituksestasi", hän sanoo.

Schlafen:
Um genug Energie zum Spielen zu haben, muss eine Katze viel schlafen (mindestens sechzehn Stunden am Tag). Es ist nicht schwer, einen passenden Schlafplatz zu finden. Jeder Platz, an dem ein Mensch gerne sitzt, ist gut. Draußen gibt es auch viele gute Plätze. Du kannst sie aber nicht verwenden, wenn es regnet oder kalt ist. Du kannst stattdessen das offene Fenster verwenden.
Herr Fox lacht.
„Gute Arbeit, Paul! Ich denke, die Zeitung ‚Grüne Welt' wird deinen Entwurf mögen", sagt er.

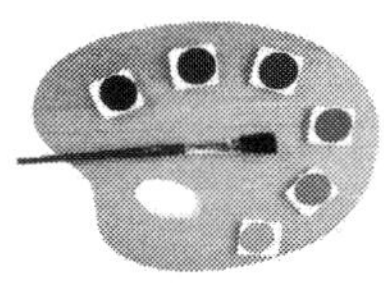

23

Kissojen sääntöjä

Katzenregeln

A

Sanat

1. ajatteleva, ajatellen - denkend
2. askel - der Schritt
3. esittää, teeskennellä - vorgeben; so tun, als ob
4. hauskuus - der Spaß
5. hieroa - reiben
6. hyttynen - die Stechmücke
7. jalka - das Bein
8. joskus, toisinaan - manchmal, ab und zu
9. jotakin, jotain - etwas
10. karata - weglaufen
11. kausi, vuodenaika - die (Jahres)zeit
12. kokkaava, kokaten - kochend
13. koulu - die Schule
14. läksy, kotitehtävä - die Hausaufgaben
15. lapsi - das Kind
16. lautanen (kuppi, kippo) - der Teller
17. lukien, lukeva - lesend
18. mahdollisuus, tilaisuus - die Chance
19. maukas, herkullinen - lecker
20. muutama; joitakin, muutamia - ein paar
21. mysteeri - das Rätsel
22. näppäimistö - die Tastatur
23. paniikki - die Panik; panikoida - in Panik versetzen
24. piiloleikki - das Versteckspiel
25. piiloutua, piileskellä - sich verstecken
26. planeetta - der Planet
27. purra - beißen
28. rakastaa - lieben
29. rakkaus - die Liebe

30. sää - das Wetter
31. saada, hankkia - bekommen
32. salaisuus - das Geheimnis
33. suudella, suukottaa - küssen
34. takana - hinter
35. talloa, astua - treten
36. unohtaa - vergessen
37. vähän, harvat - wenig
38. vaikka - obwohl, trotzdem
39. varastaa - stehlen
40. vessa, WC - die Toilette
41. vieras - der Gast

Kissojen sääntöjä

”Aikakauslehti ’Vihreä maailma’ on antanut meille uuden toimeksiannon”, herra Kettu sanoo Paulille seuraavana päivänä. ”Ja tämä toimeksianto on sinulle. He pitivät kirjoituksestasi ja he haluavat pidemmän tekstin ’Kissojen säännöistä’.”
Paulilla kestää kaksi päivää kirjoittaa tämä teksti. Tässä se on.

Salaisia sääntöjä kissoille

Vaikka kissat ovat parhaita ja uskomattomimpia eläimiä tällä planeetalla, ne tekevät joskus hyvin outoja asioita. Yksi ihmisistä onnistui varastamaan joitain kissojen salaisuuksia. Ne ovat joitain elämän sääntöjä, joilla vallataan maailma! Se, miten nämä säännöt auttavat kissoja, on silti totaalinen mysteeri ihmisille.
Kylpyhuone:
Mene aina vieraiden kanssa kylpyhuoneeseen ja vessaan. Sinun ei tarvitse tehdä mitään. Istu vain siellä, katsele heitä ja hiero välillä heidän jalkojaan.
Ovet:
Kaikkien ovien pitää olla auki. Jotta saat oven auki, katso ihmistä surullisesti. Kun hän avaa oven, sinun ei tarvitse kulkea siitä. Kun olet avannut tällä tavalla ulko- oven, seiso oviaukossa ja mieti jotain. Tämä on tärkeää varsinkin silloin, kun sää on hyvin kylmä, tai silloin, kun on sateinen päivä tai silloin, kun on hyttyskausi.
Kokkaus:
Istu aina kokkaavan ihmisen oikean jalan takana. Siten he eivät näe sinua ja silloin sinulla on parempi mahdollisuus tulla ihmisten tallomaksi. Kun niin tapahtuu, he ottavat sinut syliinsä ja antavat sinulle jotain herkullista syötävää.
Kirjojen lukeminen:
Yritä päästä lähelle lukevan ihmisen kasvoja,

Katzenregeln

„Die Zeitschrift ‚Grüne Welt‘ hat uns einen neuen Auftrag erteilt“, sagt Herr Fox am nächsten Tag zu Paul. „Und dieser Auftrag ist für dich. Ihnen hat dein Entwurf gefallen und sie wollen einen längeren Text über ‚Katzenregeln‘.“
Paul braucht zwei Tage für diesen Text. Hier ist er.

Geheime Regeln für Katzen

Obwohl Katzen die besten und wundervollsten Tiere auf diesem Planeten sind, tun sie manchmal sehr seltsame Dinge. Einem Menschen ist es gelungen, ein paar Katzengeheimnisse zu stehlen. Es sind Lebensregeln, um die Weltherrschaft zu übernehmen! Es bleibt jedoch ein Rätsel, wie diese Regeln den Katzen helfen sollen.
Badezimmer:
Gehe immer mit Gästen ins Badezimmer und auf die Toilette. Du musst nichts tun. Sitze einfach nur da, sieh sie an und reibe dich ab und zu an ihren Beinen.

Türen:
Alle Türen müssen offen sein. Um eine Tür zu öffnen, stelle dich mit einem traurigen Blick vor den Menschen. Wenn er eine Tür öffnet, musst du nicht durchgehen. Wenn du auf diese Weise die Haustür geöffnet hast, bleibe in der Tür stehen und denke nach. Das ist vor allem wichtig, wenn es sehr kalt ist oder regnet oder in der Stechmückenzeit.
Kochen:
Setze dich immer genau hinter den rechten Fuß von kochenden Menschen. So können sie dich nicht sehen und die Chance ist größer, dass sie auf dich treten. Wenn das passiert, nehmen sie dich auf den Arm und geben dir etwas Leckeres zu essen.
Lesen:
Versuche, nahe an das Gesicht der lesenden Person zu kommen, zwischen Augen und Buch. Am besten ist es,

silmien ja kirjan väliin. Parasta on maata kirjan päällä.
Lapsien koululäksyt:
Makaa kirjojen ja kirjoitusvihkojen päällä ja esitä nukkuvasi. Hyppää kynän päälle aika ajoin. Pure, jos lapsi yrittää hätistää sinut pois pöydältä.
Tietokone:
Kun ihminen työskentelee tietokoneella, hyppää pöydälle ja kävele ympäriinsä näppäimistöllä.
Ruoka:
Kissan pitää syödä paljon. Mutta syöminen on vain puolet hauskuudesta. Toinen puoli on ruoan hankkiminen. Kun ihmiset syövät, laita häntäsi heidän lautasilleen silloin, kun he eivät katso. Se antaa sinulle paremman mahdollisuuden saada täysi lautasellinen ruokaa. Älä koskaan syö omasta kupistasi, jos sinulla on mahdollisuus saada ruokaa pöydältä. Älä koskaan juo omasta vesikipostasi, jos voit juoda ihmisen kupista.
Piileskely:
Piileskele muutama päivä paikoissa, joista ihmiset eivät löydä sinua. Tämä saa ihmiset panikoimaan (jota he rakastavat), kun he luulevat, että karkasit. Kun tulet pois piilostasi, ihmiset suukottelevat sinua ja osoittavat sinulle rakkautensa. Voit ehkä saada jotain herkullista.
Ihmiset:
Ihmisten tehtävänä on ruokkia meitä, leikkiä meidän kanssamme ja siivota hiekkalaatikkomme. On tärkeää, että he eivät unohda, kuka on talon pomo.

sich auf das Buch zu legen.
Hausaufgaben der Kinder:
Lege dich auf Bücher und Hefte und tue so, als ob du schläfst. Springe von Zeit zu Zeit auf den Stift. Beiße, falls ein Kind versucht, dich vom Tisch zu verscheuchen.
Computer:
Wenn ein Mensch am Computer arbeitet, springe auf den Tisch und laufe über die Tastatur.
Essen:
Katzen müssen viel essen. Aber Essen ist nur der halbe Spaß. Die andere Hälfte ist, das Essen zu bekommen. Wenn Menschen essen, lege deinen Schwanz auf ihren Teller, wenn sie nicht hinsehen. Damit vergrößerst du deine Chancen, einen ganzen Teller Essen zu bekommen. Iss nie von deinem eigenen Teller, wenn du Essen vom Tisch nehmen kannst. Trink nie aus deiner eigenen Schüssel, wenn du aus der Tasse eines Menschen trinken kannst.
Verstecken:
Verstecke dich an Orten, an denen dich Menschen ein paar Tage lang nicht finden können. Das wird die Menschen in Panik versetzen (was sie lieben), weil sie glauben, dass du weggelaufen bist. Wenn du aus deinem Versteck hervorkommst, werden sie dich küssen und dir ihre Liebe zeigen. Und du bekommst vielleicht etwas Leckeres.
Menschen:
Die Aufgabe des Menschen ist, uns zu füttern, mit uns zu spielen und unsere Kiste sauber zu machen. Es ist wichtig, dass sie nicht vergessen, wer der Chef im Haus ist.

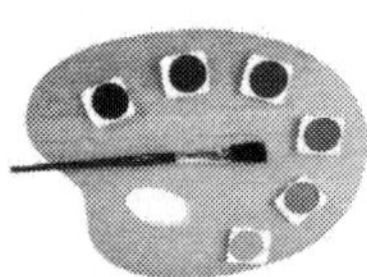

24

Tiimityötä

Gruppenarbeit

A

Sanat

1. aloitti, alkoi - begann
2. avaruus - das Weltall
3. avaruusalus - das Raumschiff
4. avaruusolio - der Außerirdische
5. en-biljoona - die Billion,
6. hymyili - lächelte
7. ilmoitti - informierte,
8. jatkaa - fortführen
9. jatkaa katsomista - weiter schauen
10. jompikumpi teistä - einer von euch
11. kapteeni - der Kapitän
12. katsoi - sah, schaute, geschaut
13. kaunis - wunderschön
14. keskus-, pää- - Haupt-, zentral
15. kollega, työtoveri, työkaveri - der Kollege
16. kukka - die Blume
17. kunnes - bis
18. kuoli - starb
19. kuolla - sterben
20. kuuli - hörte
21. käynnisti - machte an
22. laser - der Laser
23. lensi pois - flog weg
24. liikkui - bewegte sich
25. lopetettu - fertig
26. lopetti - beendete
27. lyhyt - kurz
28. maa - die Erde
29. meni pois - verließ
30. muisti - erinnerte sich
31. oli, omisti - hatte
32. opettaa - beibringen
33. osallistua - teilnehmen
34. osoitti - richtete
35. pian - bald
36. pudota, kaatua - fallen
37. putosi - fiel
38. puutarha - der Garten

39. radio - das Radio
40. rakasti - liebte
41. sanoi - sagte
42. sarja- - die Serie
43. sota - der Krieg
44. tanssi - tanzte
45. tanssia - tanzen
46. tanssiva - tanzend
47. tappoi - tötete
48. tiesi - wusste
49. toimiva - arbeitend
50. tuhat - tausend
51. tuhota - zerstören
52. tuli, pääsi - kam
53. tutka - der Radar
54. tv, televisio - der Fernseher
55. tärisi - wackelte
56. vastaan, vastoin - gegen

B

Tiimityötä

David haluaa olla journalisti. Hän opiskelee yliopistolla. Hänellä on tänään kirjoitusoppitunti. Herra Haukka opettaa opiskelijoita kirjoittamaan artikkelin.
"Rakkaat ystävät", hän sanoo. "jotkut teistä tulevat työskentelemään kustantamoille, sanomalehdille tai aikakauslehdille, radiolle tai televisiolle. Tämä tarkoittaa, että tulette työskentelemään ryhmässä. Tiimissä työskenteleminen ei ole yksinkertaista. Haluaisin, että yritätte nyt kirjoittaa journalistisen tekstin ryhmässä. Minä tarvitsen pojan ja tytön."
Moni opiskelija haluaa osallistua ryhmätyöhön. Herra Haukka valitsee Davidin ja Carolin. Carol on Espanjasta, mutta hän puhuu englantia erittäin hyvin.
"Olkaa hyvä ja istukaa tämän pöydän ääreen. Nyt te olette kollegoja", herra Haukka sanoo heille. "Tulette kirjoittamaan lyhyen tekstin. Jompikumpi teistä aloittaa tekstin ja antaa sen sitten kollegalleen. Kollega lukee tekstin ja jatkaa sitä. Sitten kolleganne antaa sen takaisin ja ensimmäinen lukee sen ja jatkaa sitä. Ja niin edelleen, kunnes teidän aikanne on loppu. Teillä on kaksikymmentä minuuttia aikaa."
Herra Haukka antaa heille paperin ja Carol aloittaa. Hän miettii hetken ja kirjoittaa sitten.

Ryhmätyö

Carol: Julia katsoi ikkunasta. Kukat hänen puutarhassaan liikkuivat tuulessa kuin tanssien. Hän muisti sen illan, jolloin hän tanssi Billyn kanssa. Se oli vuosi sitten, mutta hän muisti kaiken - hänen siniset silmänsä, hänen hymynsä ja hänen äänensä. Se oli onnellista aikaa hänelle, mutta nyt se oli ohi. Miksi hän ei ollut hänen kanssaan?

Gruppenarbeit

David will Journalist werden. Er studiert an der Universität. Heute hat er einen Schreibkurs. Herr Kite bringt den Studenten bei, Artikel zu schreiben.
„Liebe Freunde", sagt er, „ein paar von euch werden für Verlage, Zeitungen oder Zeitschriften, das Radio oder das Fernsehen arbeiten. Das bedeutet, dass ihr in einer Gruppe arbeiten werdet. Es ist nicht einfach, in einer Gruppe zu arbeiten. Ich möchte, dass ihr jetzt versucht, in einer Gruppe einen journalistischen Text zu schreiben. Ich brauche einen Jungen und ein Mädchen."
Viele Studenten wollen bei der Gruppenarbeit mitmachen. Herr Kite wählt David und Carol. Carol kommt aus Spanien, aber sie spricht sehr gut Englisch.
„Setzt auch bitte an diesen Tisch. Ihr seid jetzt Kollegen", sagt Herr Kite zu ihnen. „Ihr werdet einen kurzen Text schreiben. Einer von euch beginnt den Text und gibt ihn dann seinem Kollegen. Der Kollege liest den Text und führt ihn fort. Dann gibt euer Kollege ihn zurück, der Erste liest ihn und führt ihn fort. Und so weiter, bis die Zeit vorbei ist. Ihr habt zwanzig Minuten".
Herr Kite gibt ihnen Papier, und Carol fängt an. Sie denkt kurz nach und schreibt dann.

Gruppenarbeit

Carol: Julia sah aus dem Fenster. Die Blumen in ihrem Garten bewegten sich im Wind, als ob sie tanzten. Sie erinnerte sich an den Abend, an dem sie mit Billy getanzt hatte. Das war vor einem Jahr gewesen, aber sie erinnerte sich an alles - seine blauen Augen, sein Lächeln, seine Stimme. Es war eine glückliche Zeit für sie gewesen, aber sie war nun vorbei. Warum war er nicht bei ihr?
David: Zu dieser Zeit war Raumschiffkapitän Billy

David: Tällä hetkellä avaruuskapteeni Billy Brisk oli avaruusalus Valkoisella Tähdellä. Hänellä oli tärkeä tehtävä eikä hänellä ollut aikaa ajatella sitä typerää tyttöä, jonka kanssa hän tanssi vuosi sitten. Hän osoitti nopeasti Valkoisen Tähden laserit avaruusolioiden avaruusaluksiin. Sitten hän käynnisti radion ja sanoi avaruusolioille: "Minä annan teille tunnin aikaa antautua. Jos ette antaudu tunnissa, minä tuhoan teidät." Mutta ennen kuin hän lopetti, avaruusolioiden laser osui Valkoisen Tähden vasempaan moottoriin. Billyn laser alkoi ampua avaruusolioiden avaruusaluksia ja samaan aikaan hän käynnisti keskimmäisen ja oikean moottorin. Avaruusolioiden laser tuhosi toimivan oikean moottorin ja Valkoinen Tähti tärisi pahasti. Billy kaatui lattialle ajatellen kaatumisen aikana sitä mikä avaruusolioiden avaruusaluksista hänen pitäisi tuhota ensimmäisenä.

Carol: Mutta hän löi päänsä metallilattiaan ja kuoli samalla hetkellä. Mutta ennen kuin hän kuoli, hän muisti kauniin tyttöparan, joka rakasti häntä ja hän oli hyvin pahoillaan, että hän lähti pois hänen luotaan. Pian ihmiset lopettivat tämän typerän sodan avaruusolioparkoja vastaan. He tuhosivat kaikki omat avaruusaluksensa ja laserinsa ja ilmoittivat avaruusolioille, että ihmiset eivät koskaan aloita sotaa heitä vastaan uudestaan. Ihmiset sanoivat, että he halusivat olla ystäviä avaruusolioiden kanssa. Julia oli hyvin iloinen, kun hän kuuli siitä. Sitten hän avasi tv:n ja jatkoi mahtavan saksalaisen sarjan katsomista.

David: Koska ihmiset tuhosivat omat tutkansa ja laserinsa, kukaan ei tiennyt, että avaruusolioiden avaruusalukset tulivat hyvin lähelle maata. Tuhannet avaruusolioiden laserit ampuivat maata ja tappoivat typerän Julia- paran ja viisi biljoonaa ihmistä sekunnissa. Maa oli tuhottu ja sen liikkuvat osat lensivät pois avaruuteen.

"Minä huomaan, että saitte tekstinne valmiiksi ennen kuin aikanne oli ohi", sanoi herra Haukka hymyillen. "No, oppitunti on ohi. Seuraavalla oppitunnilla lukekaamme teksti läpi ja puhukaamme tästä ryhmätyöstä."

Brisk in seinem Raumschiff White Star. Er hatte eine wichtige Mission und keine Zeit, über dieses dumme Mädchen, mit dem er vor einem Jahr getanzt hatte, nachzudenken. Schnell richtete er den Laser der White Star auf die Raumschiffe Außerirdischer. Dann stellte er das Funkgerät an und sprach zu den Außerirdischen: „Ihr habt eine Stunde, um aufzugeben. Wenn ihr in einer Stunde nicht aufgebt, werde ich euch zerstören." Kurz bevor er seine Rede beendet hatte, traf jedoch ein Laser der Außerirdischen den linken Motor der White Star. Billys Laser begann, auf die Raumschiffe der Außerirdischen zu schießen, und gleichzeitig schaltete Billy den Hauptmotor und den rechten Motor an. Der Laser der Außerirdischen zerstörte den funktionierenden rechten Motor, und die White Star wackelte stark. Billy fiel auf den Boden und überlegte währenddessen, welches der Raumschiffe der Außerirdischen er zuerst zerstören musste.

Carol: Aber er schlug mit seinem Kopf auf dem metallenen Boden auf und war sofort tot. Bevor er starb, dachte er noch an das arme schöne Mädchen, das ihn liebte, und es tat ihm sehr leid, dass er es verlassen hatte. Kurz darauf beendeten die Menschen den dummen Krieg gegen die armen Außerirdischen. Sie zerstörten all ihre eigenen Raumschiffe und Laser und teilten den Außerirdischen mit, dass die Menschen nie wieder einen Krieg gegen sie beginnen würden. Die Menschen sagten, sie wollten Freunde der Außerirdischen sein. Julia war sehr froh, als sie davon hörte. Dann machte sie den Fernseher an und schaute eine tolle deutsche Serie weiter.

David: Da die Menschen ihre eigenen Radare und Laser zerstört hatten, wusste niemand, dass Raumschiffe der Außerirdischen der Erde sehr nahe kamen. Tausende Laser der Außerirdischen trafen die Erde und töten die arme, dumme Julia und fünf Billionen Menschen in einer Sekunde. Die Erde war zerstört, und ihre Teile flogen in den Weltraum hinaus.

„Wie ich sehe, habt ihr euren Text fertig, bevor die Zeit um ist", sagte Herr Kite lächelnd. „Gut, der Unterricht ist vorbei. Lasst uns das nächste Mal diese Gruppenarbeit lesen und darüber sprechen."

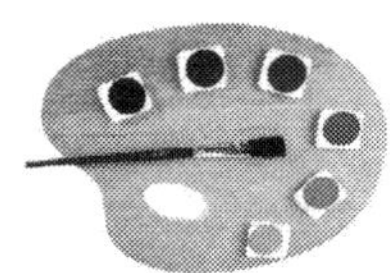

25

Robert ja David etsivät uutta työtä

Robert und David suchen einen neuen Job

Sanat

1. arvioida - beurteilen
2. eläinlääkäri - der Tierarzt
3. espanjalainen - spanisch
4. henkilökohtainen - persönlich
5. idea, ajatus - die Idee
6. ikä - das Alter
7. insinööri - der Ingenieur
8. johtaja - der Führer
9. kirjoittaja, kirjailija - der Schriftsteller
10. kissanpentu, kissanpoikanen - das Kätzchen
11. konsultointi - die Beratung
12. kyselylomake - der Fragebogen
13. kääntäjä - der Übersetzer
14. lahja - die Begabung
15. lemmikki - das Haustier
16. likainen - dreckig
17. luonto - die Natur
18. lääkäri - der Arzt
19. löytyi - fand, gefunden
20. maanviljelijä - der Bauer
21. mainos - die Anzeige; mainos, ilmoitus - das Inserat
22. matkustaa - reisen
23. naapuri - der Nachbar
24. ohjelmoija - der Programmierer
25. otsikko - die Rubrik
26. ovela - schlau
27. palvella - bedienen
28. pentu - der Welpe
29. rotta - die Ratte
30. ruoka - das Essen
31. samalla kuin - während

32. spanieli - der Spaniel
33. suositella - empfehlen
34. suosittelu - die Empfehlung
35. taide - die Kunst
36. taiteilija - der Künstler
37. tekniikka - die Methode
38. unelma - der Traum
39. unelmoida - träumen
40. yksitoikkoinen - monoton
41. ääneen - laut

B

Robert ja David etsivät uutta työtä

Robert ja David ovat Davidin kotona. David siivoaa pöytää aamiaisen jälkeen ja Robert lukee mainoksia ja ilmoituksia sanomalehdestä. Hän lukee otsikon ”Eläimet”. Davidin sisko Nancy on myös huoneessa. Hän yrittää napata sängyn alla piileskelevän kissan.
”Sanomalehdessä on niin monta lemmikkiä tarjolla ilmaiseksi. Minä luulen, että minä valitsen kissan tai koiran. David, mitä mieltä sinä olet?” Robert kysyy.
”Nancy, älä häiritse kissaa!” David sanoo vihaisesti. ”No Robert, se ei ole huono idea. Lemmikkisi on aina odottamassa sinua kotona ja on niin iloinen kun tulet takaisin kotiin ja annat sille vähän ruokaa. Ja älä unohda, että sinun pitää kävelyttää lemmikkiäsi aamuisin ja iltaisin tai siivota sen laatikko. Joskus sinun pitää siivota lattia tai viedä lemmikkisi eläinlääkärille. Joten harkitse huolellisesti ennen kuin hankit eläimen.“
”No, täällä on joitain ilmoituksia. Kuuntele”, Robert sanoo ja alkaa lukemaan ääneen:
”Löydetty likainen, valkoinen koira, näyttää rotalta. Se on saattanut asua ulkona pitkän aikaa. Minä annan sen pois rahasta.”
Tässä on vielä yksi: ”Espanjalainen koira, puhuu espanjaa. Annetaan pois ilmaiseksi. Ja ilmaisia pentuja, puoliksi spanieleita, puoliksi naapurin ovelaa koiraa”, Robert katsoo Davidia: ”Kuinka koira voi puhua espanjaa?”
”Koira saattaa ymmärtää espanjaa. Ymmärrätkö sinä espanjaa?” David kysyy irvistäen.
”Minä en ymmärrä espanjaa. Kuuntele, tässä on vielä yksi ilmoitus:
”Annetaan pois ilmaiseksi farmikissanpentuja. Valmiita syömään.Ne syövät mitä tahansa”
Robert kääntää sanomalehden sivua. ”No hyvä, minä luulen, että lemmikit saavat odottaa. Minun on parempi etsiä työpaikkaa.” Hän löytää otsikon työpaikoista ja lukee ääneen:
”Oletko etsimässä sopivaa työpaikkaa?

Robert und David suchen einen neuen Job

Robert und David sind bei David zu Hause. David macht den Tisch nach dem Frühstück sauber, und Robert liest Anzeigen und Inserate in der Zeitung. Er liest die Rubrik ‚Tiere'. Davids Schwester Nancy ist auch im Zimmer. Sie versucht, die Katze, die sich unterm Bett versteckt, zu fangen.
„Es gibt so viele kostenlose Tiere in der Zeitung. Ich denke, ich werde mir eine Katze oder einen Hund aussuchen. Was meinst du, David?“, fragt Robert.
„Nancy, hör auf, die Katze zu ärgern“, sagt David wütend. „Na ja, Robert, das ist keine schlechte Idee. Dein Haustier wartet immer zu Hause auf dich und ist so glücklich, wenn du nach Hause kommst und ihm Futter gibst. Und vergiss nicht, dass du morgens und abends mit deinem Tier Gassi gehen oder seine Kiste sauber machen musst. Manchmal musst du den Boden putzen oder mit dem Tier zum Tierarzt gehen. Also, denk gut darüber nach, bevor du dir ein Haustier anschaffst.“
„Also, hier sind ein paar Anzeigen. Hör zu“, sagt Robert und beginnt, laut vorzulesen:
„Habe einen dreckigen, weißen Hund gefunden, sieht aus wie eine Ratte. Hat vielleicht lange auf der Straße gelebt. Ich gebe ihn für Geld her.
Und hier noch eine:
Spanischer Hund, spricht Spanisch. Gebe ihn kostenlos ab. Und kostenlose Welpen, halb Spaniel, halb schlauer Nachbarshund.“
Robert sieht David an: „Wie kann ein Hund Spanisch sprechen?“
„Ein Hund kann Spanisch verstehen. Verstehst du Spanisch?“, fragt David grinsend.
„Ich verstehe kein Spanisch. Hör zu, hier ist noch eine Anzeige:
Gebe kostenlos Kätzchen vom Bauernhof her. Fertig zum Essen. Sie essen alles.“
Robert blättert die Zeitung um. „Na gut, ich denke, Tiere können warten. Ich suche besser einen Job.“ Er findet die Stellenanzeigen und liest laut:

Työnvälitys 'Sopiva henkilöstö' voi auttaa sinua. Konsulttimme arvioivat henkilökohtaiset lahjasi ja antavat sinulle suosituksen sopivimmasta ammatista."
Robert katsoo ylös ja sanoo: "David, mitä mieltä sinä olet?"
"Paras työ teille on kuorma-auton peseminen meressä ja jättää se kellumaan", Nancy sanoo ja juoksee nopeasti ulos huoneesta.
"Se ei ole huono idea. Mennään heti", David vastaa ja ottaa varovasti kissan pois teepannusta, mihin Nancy laittoi eläimen hetki sitten.
Robert ja David saapuvat työpaikkakonsultointi 'Sopivaan henkilöstöön' polkupyörillään. Siellä ei ole jonoa, joten he menevät sisälle. Siellä on kaksi naista. Toinen heistä puhuu puhelimeen. Toinen nainen kirjoittaa jotakin. Hän pyytää Robertia ja Davidia istumaan. Hänen nimensä on rouva Terävä. Hän kysyy heiltä heidän nimiään ja heidän ikäänsä.
"No niin, antakaa minun selittää tekniikka, jota me käytämme. Katsokaas, on olemassa viisi ammattityyppiä.
1. Ensimmäinen tyyppi on ihminen - luonto. Ammatit: maanviljelijä, eläintenhoitaja jne.
2. Toinen tyyppi on ihminen - kone. Ammatit: pilotti, taksinkuljettaja, trukinkuljettaja jne.
3. Kolmas tyyppi on ihminen - ihminen. Ammatit: lääkäri, opettaja, toimittaja jne.
4. Neljäs tyyppi on ihminen - tietokone. Ammatit: kääntäjä, insinööri, ohjelmoija jne.
5. Viides tyyppi on ihminen - taide. Ammatit: kirjailija, taiteilija, laulaja jne.
Me annamme suositteluja sopivista ammateista vasta, kun olemme oppineet tuntemaan teidät paremmin. Ensiksi, antakaa minun arvioida henkilökohtaiset lahjanne. Minun pitää tietää mistä pidätte ja mistä ette pidä. Sitten me tiedämme, minkälainen ammatti on teille sopivin. Olkaa hyvä ja täyttäkää nyt kyselylomake", rouva Terävä sanoo ja antaa heille kyselylomakkeet. David ja Robert täyttävät kyselylomakkeet.

Kyselylomake

Nimi: David Tweeter
Vahtia koneita - Minulla ei ole mitään sitä vastaan
Puhua ihmisten kanssa - Minä pidän
Palvella asiakkaita - Minulla ei ole mitään sitä vastaan
Ajaa autoja, kuorma-autoja - Minä pidän
Työskennellä sisällä - Minä pidän
Työskennellä ulkona - Minä pidän

„Suchen Sie nach einem passenden Job? Die Arbeitsvermittlung ‚Passende Mitarbeiter' kann Ihnen helfen. Unsere Berater beurteilen Ihre persönliche Begabung und erstellen Ihnen eine Empfehlung für den passendsten Beruf."
Robert sieht auf und sagt: „Was meinst du, David?"
„Der beste Job für euch ist, einen Laster im Meer zu waschen und ihn wegschwimmen zu lassen", sagt Nancy und rennt dann schnell aus dem Zimmer.
„Keine schlechte Idee. Lass uns gleich gehen", antwortet David und holt vorsichtig die Katze aus dem Kessel, in den Nancy sie kurz zuvor gelegt hatte.
Robert und David fahren mit dem Fahrrad zur Arbeitsvermittlung ‚Passende Mitarbeiter'. Es gibt keine Schlange und sie gehen hinein. Zwei Frauen sind da. Eine von ihnen telefoniert. Die andere schreibt etwas. Sie bittet Robert und David, Platz zu nehmen. Sie heißt Frau Sharp. Sie fragt sie nach ihren Namen und ihrem Alter.
„Gut, lasst mich euch die Methode, nach der wir arbeiten, erklären. Seht, es gibt fünf Berufskategorien:
1. Die Erste ist Mensch - Natur. Berufe: Bauer, Tierpfleger usw.
2. Die Zweite ist Mensch - Maschine. Berufe: Pilot, Taxifahrer, Lastwagenfahrer usw.
3. Die Dritte ist Mensch - Mensch. Berufe: Arzt, Lehrer, Journalist usw.
4. Die Vierte ist Mensch - Computer. Berufe: Übersetzer, Ingenieur, Programmierer usw.
5. Die Fünfte ist Mensch - Kunst. Berufe: Schriftsteller, Künstler, Sänger usw.
Wir erstellen Empfehlungen für passende Berufe erst, wenn wir euch besser kennengelernt haben. Lasst mich zuerst eure persönlichen Begabungen beurteilen. Ich muss wissen, was ihr mögt und was ihr nicht mögt. Dann wissen wir, welcher Beruf am besten zu euch passt. Füllt jetzt bitte den Fragebogen aus", sagt Frau Sharp und gibt ihnen die Fragebögen. David und Robert füllen die Fragebögen aus.

Fragebogen

Name: David Tweeter
Maschinen beobachten - Habe ich nichts dagegen
Mit Menschen sprechen - Mag ich
Kunden bedienen - Habe ich nichts dagegen
Autos, Lastwagen fahren - Mag ich
Im Büro arbeiten - Mag ich
Draußen arbeiten - Mag ich

Muistaa paljon - Minulla ei ole mitään sitä vastaan
Matkustaa - Minä pidän
Arvioida, tarkistaa - Minä vihaan
Likainen työ - Minulla ei ole mitään sitä vastaan
Yksitoikkoinen työ - Minä vihaan
Raskas työ - Minulla ei ole mitään sitä vastaan
Olla johtaja - Minulla ei ole mitään sitä vastaan
Työskennellä tiimissä - Minulla ei ole mitään sitä vastaan
Unelmoida samalla kuin työskennellä - Minä pidän
Harjoitella - Minulla ei ole mitään sitä vastaan
Tehdä luovaa työtä - Minä pidän
Työskennellä tekstien kanssa - Minä pidän

Kyselylomake

Nimi: Robert Genscher
Vahtia koneita - Minulla ei ole mitään sitä vastaan
Puhua ihmisten kanssa - Minä pidän
Palvella asiakkaita - Minulla ei ole mitään sitä vastaan Ajaa autoja, kuorma-autoja - Minulla ei ole mitään sitä vastaan
Työskennellä sisällä - Minä pidän
Työskennellä ulkona - Minä pidän
Muistaa paljon - Minulla ei ole mitään sitä vastaan
Matkustaa - Minä pidän
Arvioida, tarkistaa - Minulla ei ole mitään sitä vastaan
Likainen työ - Minulla ei ole mitään sitä vastaan
Yksitoikkoinen työ - Minä vihaan
Raskas työ - Minulla ei ole mitään sitä vastaan
Olla johtaja - Minä vihaan
Työskennellä tiimissä - Minä pidän
Unelmoida samalla kuin työskennellä - Minä pidän
Harjoitella - Minulla ei ole mitään sitä vastaan
Tehdä luovaa työtä - Minä pidän
Työskennellä tekstien kanssa - Minä pidän

Mir viel merken - Habe ich nichts dagegen
Reisen - Mag ich
Bewerten, kontrollieren - Hasse ich
Dreckige Arbeit - Habe ich nichts dagegen
Monotone Arbeit - Hasse ich
Schwere Arbeit - Habe ich nichts dagegen
Führer sein - Habe ich nichts dagegen
In der Gruppe arbeiten - Habe ich nichts dagegen
Während der Arbeit träumen - Mag ich
Trainieren - Habe ich nichts dagegen
Kreative Arbeit - Mag ich
Mit Texten arbeiten - Mag ich

Fragebogen

Name: Robert Genscher
Maschinen beobachten - Habe ich nichts dagegen
Mit Menschen sprechen - Mag ich
Kunden bedienen - Habe ich nichts dagegen
Autos, Lastwagen fahren - Habe ich nichts dagegen
Im Büro arbeiten - Mag ich
Draußen arbeiten - Mag ich
Mir viel merken - Habe ich nichts dagegen
Reisen - Mag ich
Bewerten, kontrollieren - Habe ich nichts dagegen
Dreckige Arbeit - Habe ich nichts dagegen
Monotone Arbeit - Hasse ich
Schwere Arbeit - Habe ich nichts dagegen
Führer sein - Hasse ich
In der Gruppe arbeiten - Mag ich
Während der Arbeit träumen - Mag ich
Trainieren - Habe ich nichts dagegen
Kreative Arbeit - Mag ich
Mit Texten arbeiten - Mag ich.

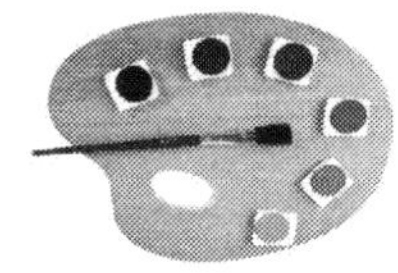

26

Hakeminen "San Franciscon uutisiin"

Bewerbung bei den „San Francisco News"

A

Sanat

1. alleviivata - unterstreichen
2. antoi - gab, gegeben
3. arvioi - ausgewertete, ausgewertet
4. hakea - sich bewerben
5. jättää, jätti - verlassen, verließ
6. kaksikymmentäyksi - einundzwanzig
7. kansallisuus, kansalaisuus - die Nationalität
8. kenttä - das Feld
9. koulutus - die Ausbildung
10. kysyi - fragte, gefragt
11. lomake, kaavake - das Formular
12. mies, miespuolinen - männlich
13. naimaton - ledig
14. nainen, naispuolinen - weiblich
15. näkemiin - Auf Wiedersehen
16. neiti - Fräulein
17. oppi - kennengelernte
18. otti, vei - nahm, genommen
19. päätoimittaja - der Herausgeber
20. partio - die Patroiulle, die Streife
21. poliisi - die Polizei
22. raportoida - berichten
23. rikollinen, rikos - der Verbrecher
24. saapui - kam an, angekommen
25. seitsemäntoista - siebzehn
26. seurata - begleiten
27. siviilisääty - der Familienstand
28. status, asema, sääty - der Stand
29. sujuva, sujuvasti - fließend
30. sukupuoli - das Geschlecht
31. suositteli - empfahl, empfohlen
32. tähti - das Sternchen
33. talous - die Finanzwissenschaft
34. tieto - die Information, die Angabe

35. toimittaja - der Reporter
36. toinen nimi - der zweite Name
37. tyhjä - leer
38. työskenteli - arbeitete, gearbeitet
39. viikko - die Woche
40. voi - könnte, kann

Hakeminen "San Franciscon uutisiin"

Rouva Terävä arvioi Davidin ja Robertin vastauksen heidän kyselylomakkeistaan. Opittuaan enemmän heidän henkilökohtaisista lahjoistaan, hän voisi antaa heille jotain suosituksia sopivista ammateista. Hän sanoi, että kolmas ammattityyppi oli sopivin heille. He voisivat työskennellä lääkärinä, opettajanatai journalistina. Rouva Terävä suositteli heitä hakemaan töitä sanomalehti "San Franciscon uutisista". He antavat osa- aikaisen työn opiskelijoille, jotka osaavat kirjoittaa poliisiraportteja rikososioon. Joten Robert ja David menivät sanomalehti "San Franciscon uutisten" henkilöstöosastolle ja hakivat tätä työtä. "Olemme olleet työpaikkakonsultointi 'Sopivassa henkilöstössä' tänään", David sanoi neiti Solakalle, joka on henkilöstöosaston johtaja. "He ovat suositelleet meitä hakemaan teidän sanomalehteenne."
"No, oletteko työskennelleet toimittajana aikaisemmin?" neiti Solakka kysyi.
"Ei, emme ole", David vastasi.
"Olkaa hyvä ja täyttäkää nämä henkilötietolomakkeet", neiti Solakka sanoi ja antoi heille kaksi lomaketta. Robert ja David täyttivät henkilötietolomakkeet.

Henkilötietolomake

Sinun tulee täyttää tähdellä merkityt kentät. Voit jättää muut kentät tyhjäksi.*

Etunimi* - David
Toinen nimi
Sukunimi* - Tweeter
Sukupuoli* (alleviivaa) - Mies Nainen
Ikä* Kaksikymmentä vuotta
Kansallisuus* - amerikkalainen
Siviilisääty (alleviivaa) - naimaton avioliitossa
Osoite* - Kuningattarenkatu 11, San Francisco, USA
Koulutus - opiskelen yliopistossa journalismia kolmatta vuotta
Missä olet työskennellyt aiemmin? - Olen

Bewerbung bei den „San Francisco News"

Frau Sharp wertete Davids und Roberts Antworten im Fragebogen aus. Indem sie ihre persönlichen Begabungen kennenlernte, konnte sie ihnen Empfehlungen für passende Berufe geben. Sie sagte, dass die dritte Berufskategorie am besten zu ihnen passte. Sie könnten als Arzt, Lehrer oder Journalist arbeiten. Frau Sharp empfahl ihnen, sich um einen Job bei der Zeitung „San Francisco News" zu bewerben. Die hatte einen Nebenjob für Studenten zu vergeben, die Polizeiberichte in der Rubrik über Verbrechen verfassen konnten. Also gingen Robert und David in die Personalabteilung der Zeitung „San Francisco News" und bewarben sich um den Job.

„Wir waren heute bei der Arbeitsvermittlung ‚Passende Mitarbeiter'", sagte David zu Frau Slim, der Leiterin der Personalabteilung. „Sie haben uns empfohlen, uns bei Ihrer Zeitung zu bewerben."

„Habt ihr schon als Reporter gearbeitet?", fragte Frau Slim.
„Nein", antwortete David.
„Füllt bitte diese Formulare mit euren persönlichen Angaben aus", sagte Frau Slim und gab ihnen zwei Formulare. Robert und David füllten sie aus.

Persönliche Angaben

*Alle mit einem Sternchen * markierten Felder müssen ausgefüllt werden. Die anderen Felder können leer gelassen werden.*

Vorname - David
Zweiter Name
Nachname - Tweeter
Geschlecht (unterstreiche) - männlich weiblich
Alter - Zwanzig
Nationalität - Amerikaner
Familienstand (unterstreiche) - ledig verheiratet
Addresse - 11 Queen street, San Francisco, USA
Ausbildung - Ich studiere Journalismus im dritten Jahr an der Universität
Wo haben Sie zuvor gearbeitet? - Ich habe zwei Monate

työskennellyt kaksi kuukautta maatilatyöntekijänä.
Mitä kokemusta ja taitoja sinulla on?* - Osaan ajaa autoa ja kuorma-autoa ja osaan käyttää tietokonetta.
Kielitaito* 0 - ei yhtään, 10 - sujuva. espanja - 8, englanti - 10
Ajokortti* (alleviivaa) - Ei Kyllä Luokka: BC, Osaan ajaa kuorma-autoa.
Minkälaista työtä tarvitset*(alleviivaa) - Kokoaikaista Osa-aikaista: 15 tuntia viikossa.
Palkkatoive: 15 dollaria tunnilta

Henkilötietolomake

Sinun tulee täyttää tähdellä merkityt kentät. Voit jättää muut kentät tyhjäksi.*

Etunimi* - Robert
Toinen nimi
Sukunimi* - Genscher
Sukupuoli (alleviivaa) - mies nainen
Ikä - kaksikymmentäyksi
Kansallisuus* - saksalainen
Siviilisääty (alleviivaa) - naimaton avioliitossa
Osoite* - Huone 218, opiskelija-asuntola, Korkeakoulunkatu 36, San Francisco, USA.
Koulutus - Opiskelen tietokonesuunnittelua toista vuotta yliopistossa.
Missä olet työskennellyt aiemmin? - Olen työskennellyt kaksi kuukautta maatilatilatyöntekijänä
Mitä kokemusta ja taitoja sinulla on?* - Osaan käyttää tietokonetta
Kielitaito* 0 - ei yhtään, 10 - sujuva. - saksa - 10, englanti - 8
Ajokortti* (alleviivaa) - Ei Kyllä Luokka:
Minkälaista työtä tarvitset* (alleviivaa) - Kokoaikaista Osa- aikaista: 15 tuntia viikossa
Palkkatoive: 15 dollaria tunnilta.
Neiti Solakka vei heidän henkilötietolomakkeensa “San Franciscon uutisten” päätoimittajalle.
“Päätoimittaja suostui”, neiti Solakka sanoi, kun hän tuli takaisin. ”Seuraatte poliisipartiota ja kirjoitatte rapotteja rikososioon. Poliisiauto tulee huomenna hakemaan teidät kello seitsemäntoista. Olkaa täällä siihen aikaan, olettehan?“
”Toki”, Robert vastasi.
”Kyllä, me olemme”, David sanoi. ”Näkemiin.”
”Näkemiin”, neiti Solakka sanoi.

auf einem Bauernhof gearbeitet
Welche Erfahrung und Fähigkeiten haben Sie? - Ich kann Auto und Lastwagen fahren und mit dem Computer arbeiten.
Sprachen 0 - nein, 10 - fließend - Spanisch - 8, Englisch - 10
Führerschein (unterstreiche) - Nein Ja Typ: BC Kann Lastwagen fahren.
Sie brauchen einen Job (unterstreiche) - Vollzeit Teilzeit: 15 Stunden die Woche
Sie wollen verdienen - 15 Dollar die Stunde

Persönliche Angaben

*Alle mit einem Sternchen * markierten Felder müssen ausgefüllt werden. Die anderen Felder können leer gelassen werden.*

Vorname - Robert
Zweiter Name
Nachname - Genscher
Geschlecht (unterstreiche) - männlich weiblich
Alter - einundzwanzig
Nationalität - Deutscher
Familienstand (unterstreiche) - ledig verheiratet
Addresse - Zimmer 218, Studentenwohnheim, San Francisco, USA
Ausbildung - Ich studiere Computerdesign im zweiten Jahr an der Universität
Wo haben Sie zuvor gearbeitet? - Ich habe zwei Monate auf einem Bauernhof gearbeitet
Welche Erfahrung und Fähigkeiten haben Sie? - Ich kann mit dem Computer umgehen
Sprachen 0 - nein, 10 - fließend - Deutsch - 10, Englisch - 8
Führerschein (unterstreiche) - Nein Ja Typ:
Sie brauchen einen Job (unterstreiche) - Vollzeit Teilzeit: 15 Stunden die Woche
Sie wollen verdienen - 15 Dollar die Stunde
Frau Slim brachte die Formulare mit ihren persönlichen Angaben zum Herausgeber der „San Francisco News“.
„Der Herausgeber ist einverstanden“, sagte Frau Slim, als sie zurückkam. „Ihr begleitet eine Polizeistreife und schreibt dann Berichte für die Kriminalrubrik. Morgen um siebzehn Uhr werdet ihr von einem Polizeiauto abgeholt. Seid pünktlich da, ok?“
„Klar“, antwortete Robert.
„Ja, wir werden pünktlich sein“, sagte David. „Auf Wiedersehen“.
„Auf Wiedersehen“, antwortete Frau Slim.

27

Poliisipartio (osa 1)

Die Polizeistreife (Teil 1)

A

Sanat

1. ajaa ylinopeutta - rasen
2. ajoi - fuhr, gefahren
3. ase - die Waffe
4. astui, painoi - trat
5. avain - der Schlüssel
6. avasi - öffnete
7. hälytys - der Alarm
8. haukkui - bellte
9. hinta - der Preis
10. hitto - verdammt
11. huusi - rief, gerufen
12. kaikki, jokainen - alle
13. kaksitoista - zwölf
14. käsiraudat - die Handschellen
15. katsoa ympäriinsä - sich umsehen
16. kiinnittää - anschnallen
17. kiirehti - raste
18. korkea - hoch
19. kuiva - trocken; kuivata - trocknen
20. lähti liikkeelle - fuhr los
21. Mikä on vikana? / Mikä on hätänä? - Was ist los?
22. mikrofoni - das Mikrofon
23. näytti - zeigte
24. nopeus - die Geschwindigkeit
25. odotti - wartete, gewartet
26. oli - tat
27. peloissaan - ängstlich

28. piiloutui - versteckte
29. poliisi - der Polizist
30. rajoitus - die Begrenzung
31. ryöstö, varkaus - der Diebstahl
32. sata - hundert
33. seurasi, oli mukana - begleitete, begleitet
34. sireeni - die Sirene
35. suljettu - geschlossen
36. takaa-ajo - die Verfolgung
37. tapasi - traf, kennengelernte, getroffen, kennengelernt
38. turvavyöt - der Sicherheitsgurt
39. ulvova - heulend
40. varas - der Dieb
41. varkaat - die Diebe
42. ylikonstaapeli - der Polizeihauptmeister
43. ylinopeutta ajanut - der Raser
44. ymmärsi - verstand, verstanden
45. yritti - versuchte

B

Poliisipartio (osa 1)

Robert ja David saapuivat sanomalehti ”San Franciscon uutisten” rakennukseen kello seitsemäntoista seuraavana päivänä. Poliisiauto oli jo odottamassa heitä. Poliisi tuli ulos autosta.
”Hei. Minä olen ylikonstaapeli Frank Tiukka”, hän sanoi kun David ja Robert tulivat auton luokse.
”Hei. Mukava tavata.Minun nimeni on Robert. Meidän pitää seurata sinua tänään”, Robert vastasi.
”Hei. Minä olen David. Odotitko jo kauan meitä?” David kysyi.
”En. Minä olin juuri saapunut tähän. Menkäämme autoon. Me aloitamme nyt kaupunkipartioinnin”, poliisi sanoi. He kaikki menivät poliisiautoon.
”Oletteko te poliisipartion mukana ensimmäistä kertaa?” ylikonstaapeli Tiukka kysyi käynnistäessään moottorin.
”Me emme ole koskaan ennen olleet poliisipartion mukana”, David vastasi.
Tällä hetkellä poliisiradio alkoi puhua: ”Huomio P11 ja P07! Sininen auto ajaa ylinopeutta Yliopistonkatua pitkin.”
”P07 kuittaa”, ylikonstaapeli Tiukka sanoi mikrofoniin. Sitten hän sanoi pojille: ”Meidän automme numero on P07”, Iso, sininen auto kiiruhti heidän ohitse erittäin kovalla nopeudella. Frank Tiukka otti mikin uudelleen ja sanoi: ”P07 puhuu. Minä näen ylinopeutta ajavan sinisen auton. Aloitetaan takaa- ajo.” Sitten hän sanoi pojille: ”Olkaa hyvä ja kiinnittäkää turvavyönne.” Poliisiauto lähti nopeasti liikkeelle. Ylikonstaapeli painoi kaasun pohjaan ja käynnisti sireenin. He kiirehtivät ulvovan sireenin kanssa rakennuksien, autojen ja bussien ohitse. Frank Tiukka pakotti sinisen auton pysähtymään. Ylikonstaapeli nousi

Die Polizeistreife (Teil 1)

Am nächsten Tag kamen Robert und David um siebzehn Uhr zum Gebäude der Zeitung ‚San Francisco News'. Das Polizeiauto wartete schon auf sie. Ein Polizist stieg aus dem Auto.
„Hallo. Ich bin Polizeihauptmeister Frank Strict“, sagte er, als David und Robert zum Auto kamen.
“Hallo, schön, Sie kennenzulernen. Ich heiße Robert. Wir sollen Sie heute begleiten”, antwortete Robert.
„Hallo, ich bin David. Haben Sie schon lange auf uns gewartet?“, fragte David.
„Nein, ich bin gerade erst gekommen. Lasst uns einsteigen. Wir fangen jetzt mit der Streife in der Stadt an“, sagte der Polizist. Sie stiegen alles ins Polizeiauto.
„Begleitet ihr zum ersten Mal eine Polizeistreife?“, fragte Polizeihauptmeister Strict und machte den Motor an.
„Wir haben noch nie eine Polizeistreife begleitet“, antwortete David.
In diesem Moment meldete sich der Polizeifunk: „Achtung P11 und P07! Ein blaues Auto fährt zu schnell auf der Universitätsstraße.“
„P07 ist dran“, sagte Polizeihauptmeister Strict ins Mikrofon. Dann sagte er zu den Jungs: „Die Nummer unseres Autos ist P07.“ Ein großes blaues Auto raste mit hoher Geschwindigkeit an ihnen vorbei. Frank Strict nahm das Mikrofon und sagte: „Hier spricht P07. Ich sehe das rasende Auto. Nehme die Verfolgung auf“. Dann sagte er zu den Jungs: „Bitte anschnallen!“ Das Polizeiauto fuhr schnell los. Der Polizeihauptmeister trat das Gaspedal voll durch und machte die Sirene an. Mit heulender Sirene rasten sie an Gebäuden, Autos und Bussen vorbei. Frank Strict brachte das blaue Auto zum Anhalten. Der

autosta ja meni hurjastelijan luokse. David ja Robert menivät hänen perässään.
"Minä olen poliisi Frank Tiukka. Näytä ajokorttisi, ole hyvä", poliisi sanoi ylinopeutta ajaneelle kuljettajalle.
"Tässä on minun ajokorttini", ajaja näytti ajokorttiaan. "Mikä on vikana?" hän kysyi vihaisesti.
"Sinä ajoit kaupungin läpi sadankahdenkymmenen kilometrin tuntinopeudella. Nopeusrajoitus on viisikymmentä", ylikonstaapeli sanoi.
"Aa, tämä. Tiedätkö, minä pesin juuri autoni. Joten minä ajoin vähän lujempaa kuivatakseni sen", mies sanoi ovelasti virnistäen.
"Maksoiko auton peseminen paljon?" poliisi kysyi.
"Ei paljon. Se maksoi kaksitoista dollaria", hurjastelija sanoi.
"Sinä et tiedä hintoja", ylikonstaapeli Tiukka sanoi. "Todellisuudessa se maksoi sinulle kaksisataakaksitoista dollaria, koska sinä joudut maksamaan kaksisataa dollaria auton kuivauksesta. Tässä on sakkolappu. Hyvää päivän jatkoa", poliisi sanoi.
Hän antoi kahdensadan dollarin ylinopeussakon ja ajokortin takaisin hurjastelijalle ja meni takaisin poliisiautoon.
"Frank, minä luulen, että sinulla on paljon kokemusta hurjastelijoista, eikö olekin?"David kysyi poliisilta.
"Minä olen tavannut heitä jo paljon", Frank sanoi käynnistäessään moottoria. "Ensin he näyttävät vihaisilta tiikereiltä tai viekkailta ketuilta. Mutta sen jälkeen, kun minä olen puhunut heidän kanssaan, he näyttävät pelokkailta kissanpennuilta tai typeriltä apinoilta niin kuin se yksi sinisessä autossa."

Sillä välin pieni, valkoinen auto oli ajamassa hiljaa lähellä kaupungin puistoa olevaa katua pitkin. Auto pysähtyi kaupan lähelle. Mies ja nainen nousivat autosta ja menivät kauppaan. Se oli suljettu. Mies katseli ympäriinsä. Sitten hän otti nopeasti esiin joitain avaimia ja yritti avata oven. Viimein hän avasi sen ja he menivät sisälle.
"Katso! Täällä on niin monta mekkoa!" nainen sanoi. Hän otti esiin ison laukun ja alkoi laittaa sinne kaikkea. Kun laukku oli täynnä, hän vei sen autoon ja tuli takaisin.
"Ota kaikki nopeasti! Ooh! Miten hienohattu!"mies sanoi. Hän otti kaupan ikkunalta ison, mustan hatun

Polizeihauptmeister stieg aus dem Auto aus und ging zu dem Raser. David und Robert gingen ihm nach.
„Ich bin Polizeibeamter Frank Strict. Zeigen Sie mir bitte Ihren Führerschein“, sagte der Polizist zu dem Raser.
„Hier ist mein Führerschein.“ Der Fahrer zeigte seinen Führerschein. „Was ist los?“, fragte er wütend.
„Sie sind mit hundertzwanzig km/h durch die Stadt gefahren. Die Geschwindigkeitsbegrenzung ist fünfzig“, sagte der Polizeihauptmeister.
„Ach so, das. Wissen Sie, ich habe gerade mein Auto gewaschen. Ich bin ein bisschen schneller gefahren, damit es trocknet“, sagte der Mann mit einem schlauen Grinsen.
„Ist es teuer, Ihr Auto zu waschen?“, fragte der Polizist.
„Nein. Es kostet zwölf Dollar“, sagte der Raser.
„Sie kennen die Preise nicht“, sagte Polizeihauptmeister Strict. „In Wirklichkeit kostet es Sie zweihundertzwölf Dollar, denn Sie werden zweihundert Dollar fürs Trocknen zahlen. Hier ist der Strafzettel. Einen schönen Tag noch“, sagte der Polizist. Er gab dem Raser einen Strafzettel für Geschwindigkeitsüberschreitung über zweihundert Dollar und seinen Führerschein und ging zurück zum Polizeiauto.
„Frank, du hast viel Erfahrung mit Rasern, nicht wahr?“, fragte David den Polizisten.
„Ich habe schon viele kennengelernt“, sagte Frank und machte den Motor an. „Zuerst sehen sie wie wütende Tiger oder schlaue Füchse aus. Aber nachdem ich mit ihnen gesprochen habe, sehen sie wie ängstliche Kätzchen oder dumme Affen aus. Wie der im blauen Auto.“

In der Zwischenzeit fuhr ein kleines, weißes Auto nicht weit vom Stadtpark langsam die Straße entlang. Das Auto hielt in der Nähe eines Ladens. Ein Mann und eine Frau stiegen aus und gingen zu dem Laden. Er war geschlossen. Der Mann sah sich um. Dann holte er schnell einige Schlüssel hervor und versuchte, die Tür zu öffnen. Schließlich öffnete er sie, und sie gingen hinein.
„Sieh, so viele Kleider“, sagte die Frau. Sie holte eine große Tasche hervor und begann, alles hineinzupacken. Als die Tasche voll war, brachte sie sie zum Auto und kam zurück.
„Nimm schnell alles! Oh! Was für ein schöner Hut!“, sagte der Mann. Er nahm einen großen schwarzen Hut aus dem Schaufenster und zog ihn auf.

ja laittoi sen päälleen.

”Katso tätä punaista mekkoa! Minä pidän siitä niin paljon!” nainen sanoi ja laittoi nopeasti päälleen punaisen mekon. Hänellä ei ollut enempää laukkuja. Sen tähden hän otti lisää tavaroita käsiinsä, juoksi ulos ja pakkasi ne autoon. Sitten hän juoksi sisälle hakeakseen lisää tavaroita.

Poliisiauto P07 oli ajamassa hiljaa kaupungin puistoa myöden, kun radio alkoi puhua:

”Huomio kaikki partiot. Me olemme saaneet varashälytyksen kaupasta lähellä kaupungin puistoa. Kaupan osoite on Puistokatu 72.”

”P07 kuittaa”, Frank sanoi mikkiin. ”Minä olen hyvin lähellä tätä paikkaa. Ajan sinne.” He löysivät kaupan hyvin nopeasti ja ajoivat valkoisen auton luokse. Sitten he nousivat autosta ja piiloutuivat sen taakse. Nainen uudessa, punaisessa mekossa juoksi kaupasta ulos. Hän laittoi joitain mekkoja poliisiauton päälle ja juoksi takaisin kauppaan. Nainen teki sen hyvin nopeasti. Hän ei nähnyt, että se oli poliisiauto!

”Hitto vieköön! Minä unohdin aseeni poliisilaitokselle!” Frank sanoi. Robert ja David katsoivat ylikonstaapeli Tiukkaa ja sitten toisiaan yllättyneinä. Poliisi oli niin hämmentynyt, että David ja Robert tajusivat, että heidän pitää auttaa häntä. Nainen juoksi uudestaan kaupasta ulos, laittoi joitain mekkoja poliisiauton päälle ja juoksi takaisin. Silloin David sanoi Frankille: ”Me voimme esittää, että meillä on aseet.”

”Tehdään niin”, Frank vastasi. ”Mutta älkää nousko ylös. Varkailla saattaa olla aseet”, hän sanoi ja huusi sitten: ”Tässä puhuu poliisi! Kaikki, jotka ovat sisällä kaupassa, nostakaa kätenne ylös ja tulkaa kaupasta ulos hitaasti yksitellen!”

He odottivat hetken. Kukaan ei tullut ulos. Sitten Robert sai idean.

”Jos te ette tule ulos, me päästämme poliisikoiran peräänne!” hän huusi ja haukkui kuin iso, vihainen koira. Varkaat juoksivat ulos kädet ylhäällä välittömästi. Frank laittoi heidät nopeasti käsirautoihin ja toi heidät poliisiautoon. Sitten hän sanoi Robertille: ”Se oli hyvä idea esittää, että meillä on koira! Tiedätkö, minä olen unohtanut aseeni jo kaksi kertaa. Jos he saavat tietää, että minä unohdin sen kolmannen kerran, he saattavat erottaa minut tai pakottaa minut toimistotöihin. Te ette kerro kellekään siitä, ettehän?”

”Varmasti emme!” Robert sanoi.

”Ei koskaan”, David sanoi.

„Sieh dir dieses rote Kleid an! Das finde ich toll!“, sagte die Frau und zog schnell das rote Kleid an. Sie hatte keine Taschen mehr. Deswegen nahm sie mehr Sachen in die Hände, rannte nach draußen und packte sie ins Auto. Dann rannte sie nach drinnen, um noch mehr Dinge zu holen.

Das Polizeiauto P07 fuhr gerade langsam den Stadtpark entlang, als sich der Funk meldete:

„Achtung, alle Einheiten. Wir haben einen Einbruchsalarm aus einem Laden in der Nähe des Stadtparks. Die Adresse des Ladens ist Parkstraße 72.“

„P07 ist dran“, sagte Frank ins Mikro. „Ich bin ganz in der Nähe. Fahre dorthin.“ Sie hatten den Laden schnell gefunden und fuhren zu dem weißen Auto. Dann stiegen sie aus dem Auto aus und versteckten sich dahinter. Die Frau im roten Kleid kam aus dem Laden gerannt. Sie legte einige Kleider auf das Polizeiauto und rannte zurück in den Laden. Die Frau tat das sehr schnell. Sie sah nicht, dass es ein Polizeiauto war.

„Verdammt! Ich habe meine Waffe auf der Polizeiwache vergessen!“, sagte Frank. Robert und David sahen Polizeihauptmeister Strict und dann einander überrascht an. Der Polizist war so verwirrt, dass David und Robert verstanden, dass er Hilfe brauchte. Die Frau rannte wieder aus dem Laden, legte Kleider auf das Polizeiauto und rannte zurück. Dann sagte David zu Frank: „Wir können so tun, als ob wir Waffen haben.“

„Lasst uns das machen“, antwortete Frank. „Aber ihr steht nicht auf. Die Diebe haben vielleicht Waffen“, sagte er und rief dann: „Hier spricht die Polizei! Alle, die im Laden sind, heben ihre Hände und kommen langsam einer nach dem anderen aus raus!“

Sie warteten eine Minute. Niemand kam. Dann hatte Robert eine Idee.

“Wenn ihr nicht rauskommt, hetzen wir den Polizeihund auf euch!“, rief er und bellte wie ein großer, wütender Hund. Die Diebe kamen sofort mit erhobenen Händen herausgerannt. Frank legte ihnen schnell Handschellen an und brachte sie ins Polizeiauto. Dann sagte er zu Robert: „Das war eine gute Idee, so zu tun, als ob wir einen Hund hätten. Weißt du, ich habe meine Waffe schon zweimal vergessen. Wenn sie herausfinden, dass ich sie zum dritten Mal vergessen habe, feuern sie mich vielleicht oder lassen mich Büroarbeit machen. Ihr erzählt es doch niemandem, oder?“

„Natürlich nicht!“, sagte Robert.

"Kiitos erittäin paljon avustanne, kaverit!" Frank ravisti heidän kättään voimakkaasti.

„Nie“, sagte David.
„Vielen Dank für eure Hilfe, Jungs!“ Frank schüttelte ihnen kräftig die Hand.

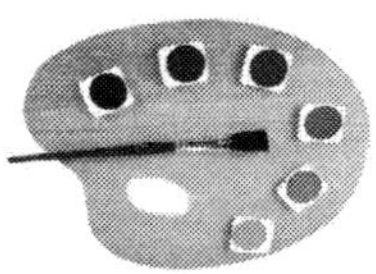

28

Poliisipartio (osa 2)

Die Polizeistreife (Teil 2)

A

Sanat

1. ampui - schoss; angeschossen
2. Anteeksi. - Entschuldigen Sie.
3. avasi - öffnete, geöffnet
4. eilen - gestern
5. fiksu - schlau
6. harvoin - selten
7. joku - jemand
8. jonka - wessen
9. kääntyi - drehte, gedreht
10. kassa - die Kasse; kassavirkailija - der Kassierer
11. kassakaappi - der Tresor
12. käteinen - das Bargeld
13. kimmota - abprallen
14. lasi - das Glas
15. matkapuhelin - das Handy
16. miehet - die Männer
17. minun - mein
18. myöskään - auch
19. näki - sah, gesehen
20. nappi - der Knopf
21. ostoskeskus - das Einkaufszentrum
22. otti - brachte, gebracht
23. painaa - drücken
24. parhain terveisin - hochachtungsvoll
25. poissa - weg
26. puhelin - das Telefon
27. pyytää anteeksi - sich entschuldigen
28. ryöstäjä - der Dieb
29. ryöstö - der Überfall

30. salaisesti, salaa - heimlich
31. soittaa (puhelimella) - anrufen
32. soitti - klingelte
33. suojella - beschützen
34. tajuton - bewusstlos
35. tasku - die Tasche
36. tavallinen - gewöhnlich
37. varasti - stahl, gestohlen
38. vastasi - antwortete, geantwortet
39. vielä - noch

Poliisipartio (osa 2)

Seuraavana päivänä Robert ja David olivat Frankin mukana uudelleen. He olivat seisomassa lähellä isoa ostoskeskusta, kun eräs nainen tuli heidän luokseen.
”Voitteko te auttaa minua, kiitos?” hän kysyi.
”Tottakai, rouva. Mitä on tapahtunut?”Frank kysyi.
”Minun matkapuhelimeni on kadonnut. Minä luulen, että se on varastettu.”
”Oletko käyttänyt sitä jo tänään?” poliisi kysyi.
”Minä olen käyttänyt sitä ennen kuin menin ulos ostoskeskuksesta”, hän vastasi.
”Mennään sisälle”, Frank sanoi. He menivät ostoskeskukseen ja katselivat ympäriinsä. Siellä oli monta ihmistä.
”Kokeillaan vanhaa temppua”, Frank sanoi ottaessaan esiin omaa puhelintaan. ”Mikä on sinun puhelinnumerosi?” hän kysyi naiselta. Hän kertoi sen hänelle ja Frank soitti hänen puhelinnumeroonsa. Matkapuhelin soi heidän lähellään. He menivät paikkaan, jossa se soi. Siellä oli jono. Mies jonossa katsoi poliisia ja käänsi sitten nopeasti päänsä pois. Poliisi tuli lähemmäs kuunnellen tarkasti. Puhelin soi miehen taskussa.
”Anteeksi,“ Frank sanoi. Mies katsoi häntä.
”Anteeksi, sinun puhelimesi soi”, Frank sanoi.
”Missä?” mies sanoi.
”Täällä, sinun taskussasi”, Frank sanoi.
”Ei, se ei soi”, mies sanoi.
”Kyllä, se soi”, Frank sanoi.
”Se ei ole minun”, mies sanoi.
”Kenen puhelin sitten soi sinun taskussasi?” Frank kysyi.
”Minä en tiedä”, mies vastasi.
”Ole hyväja näytä sitä minulle”, Frank sanoi ja otti puhelimen ulos miehen taskusta.
”Voi, se on minun!” nainen huusi.
”Tässä, ottakaa puhelimenne, rouva”, Frank sanoi antaessaan sen hänelle.
”Saanko minä, herra?” Frank kysyi ja laittoi

Die Polizeistreife (Teil 2)

Am nächsten Tag begleiteten Robert und David Frank wieder. Sie standen neben einem großen Einkaufszentrum, als eine Frau zu ihnen kam.
„Können Sie mir bitte helfen?“, fragte sie.
„Natürlich. Was ist passiert?“, fragte Frank.
“Mein Handy ist weg. Ich glaube, es wurde gestohlen.“
“Haben Sie es heute schon benutzt?“, fragte der Polizist.
„Ich habe es benutzt, bevor ich das Einkaufszentrum verlassen habe“, antwortete die Frau.
„Lasst uns reingehen“, sagte Frank. Sie gingen ins Einkaufszentrum und sahen sich um. Viele Leute waren da.
„Lasst uns einen alten Trick versuchen“, sagte Frank und holte sein eigenes Handy hervor. „Wie ist Ihre Nummer?“, fragte er die Frau. Sie sagte sie ihm, und er wählte. Nicht weit von ihnen klingelte ein Handy. Sie gingen zu der Stelle, an der es klingelte. Dort war eine Schlange. Ein Mann in der Schlange sah den Polizisten an und schaute dann schnell weg. Der Polizist ging näher hin und horchte aufmerksam. Das Handy klingelte in der Tasche des Mannes.
„Entschuldigen Sie“, sagte Frank. Der Mann sah ihn an.
„Entschuldigen Sie. Ihr Handy klingelt“, sagte Frank.
„Wo?“, sagte der Mann.
„Hier, in ihrer Tasche“, sagte Frank.
„Nein, es klingelt nicht“, sagte der Mann.
„Doch, es klingelt“, sagte Frank.
„Das ist nicht meins“, sagte der Mann.
„Wessen Telefon klingelt dann in Ihrer Tasche?“, fragte Frank.
„Ich weiß es nicht“, antwortete der Mann.
„Zeigen Sie es mir bitte“, sagte Frank und holte das Handy aus der Tasche des Mannes.
„Oh, das ist meins!“, rief die Frau.
„Hier, nehmen Sie Ihr Telefon“, sagte Frank und gab es ihr.

kätensä miehen taskuun uudelleen. Hän otti ulos toisen puhelimen, ja sitten vielä yhden.
”Eivätkö nämä myöskään ole sinun?” Frank kysyi mieheltä.
Mies ravisti päätään katsoen pois.
”Miten outoja puhelimia!” Frank huusi. ”Ne karkasivat omistajiltaan ja hyppäsivät tämän miehen taskuun! Ja nyt ne soivat hänen taskuissaan, eivätkö soikin?”
”Kyllä, ne soivat”, mies sanoi.
”Tiedätkö, minun työni on suojella ihmisiä. Ja minä suojelen sinua heiltä. Mene autooni ja minä vien sinut paikkaan, jossa puhelimet eivät voi hypätä sinun taskuusi. Me menemme poliisilaitokselle”, poliisi sanoi. Sitten hän otti miestä käsivarresta kiinni ja vei hänet poliisiautolle.
”Minä pidän typeristä rikollisista”, Frank Tiukka hymyili sen jälkeen, kun he olivat vieneet varkaan poliisilaitokselle.
”Oletko sinä vielä tavannut fiksuja rikollisia?” David kysyi.
”Kyllä, minä olen. Mutta hyvin harvoin”, poliisi vastasi. ”Koska on hyvin vaikeaa saada kiinni fiksu rikollinen.”

Sillä välin kaksi miestä tulivat Pikapankkiin. Toinen heistä otti paikan jonossa. Toinen tuli kassan luokse ja antoi paperin kassavirkailijalle. Kassavirkailija otti paperin ja luki:
”Hyvä herra,
tämä on Pikapankin ryöstö. Anna minulle kaikki käteinen. Jos et anna, niin minä käytän sitten asettani. Kiitos.
Parhain terveisin,
Bob”
”Minä luulen, että minä voin auttaa sinua”, kassavirkailija sanoi painaen salaa hälytysnappia. ”Mutta lukitsin eilen rahat kassakaappiin. Kassakaappia ei ole vielä avattu. Minä pyydän jotakuta avaamaan kassakaapin ja tuomaan rahat. Okei?”
”Okei! Mutta tee se nopeasti!” ryöstäjä vastasi.
”Tekisinkö minä sinulle kupin kahvia sillä välin kun rahat laitetaan laukkuihin?” kassavirkailija kysyi.
”Ei kiitos. Vain rahat”, ryöstäjä vastasi.

Radio poliisiauto P07:ssä alkoi puhua: ”Huomio kaikki partiot. Me olemme saaneet ryöstöhälytyksen Pikapankista.”

„Darf ich?“, fragte Frank und steckte seine Hand wieder in die Tasche des Mannes. Er holte ein anderes Handy hervor und dann noch eins.
„Gehören die auch nicht Ihnen?“, fragte Frank den Mann.
Der Mann schüttelte den Kopf und sah weg.
„Was für seltsame Handys!“, rief Frank. „Sie sind ihren Besitzern davongelaufen und in die Tasche dieses Mannes gesprungen! Und jetzt klingeln sie in seiner Tasche, oder nicht?“
„Ja, das tun sie“, sagte der Mann.
„Wie Sie wissen, ist es mein Job, Menschen zu beschützen. Und ich werde Sie vor ihnen beschützen. Steigen Sie in mein Auto, und ich bringe Sie an einen Ort, wo kein Telefon in Ihre Tasche springen kann. Wir fahren aufs Revier“, sagte der Polizist. Dann nahm er den Mann am Arm und brachte ihn zum Auto.
„Ich mag dumme Verbrecher“, sagte Frank Strict grinsend, nachdem sie den Dieb aufs Revier gebracht hatten.
„Hast du schon schlaue getroffen?“, fragte David.
„Ja, das habe ich. Aber es passiert selten“; antwortete der Polizist. „Denn es ist sehr schwer, einen schlauen Verbrecher zu fangen.“

In der Zwischenzeit betraten zwei Männer die Express Bank. Einer von ihnen stellte sich in der Schlange an. Ein anderer ging zur Kasse und gab dem Kassierer einen Zettel. Der Kassierer nahm den Zettel und las.
„Sehr geehrter Herr,
das ist ein Überfall auf die Express Bank. Geben Sie mir alles Geld. Wenn Sie es nicht tun, werde ich meine Waffe benutzen. Danke.
Hochachtungsvoll,
Bob“
„Ich denke, ich kann Ihnen helfen“, sagte der Kassierer, während er heimlich den Alarmknopf drückte. „Aber das Geld wurde gestern von mir im Tresor eingeschlossen. Der Tresor wurde noch nicht geöffnet. Ich werde jemanden bitten, den Tresor zu öffnen und das Geld zu bringen. Okay?“
„Okay. Aber schnell!“, antwortete der Dieb.
„Hätten Sie gerne eine Tasse Kaffee, während das Geld in Taschen gepackt wird?“, fragte der Kassierer.
„Nein, danke. Nur Geld“, antwortete der Dieb.

Der Funk im Polizeiauto P07 meldete sich: „Achtung, alle Einheiten. Überfallalarm in der Express Bank.“
„P07 ist dran“, antwortete Polizeihauptmeister Strict. Er trat aufs Gas, und das Auto fuhr schnell los. Als sie

"P07 kuittaa", ylikonstaapeli Tiukka vastasi. Hän painoi kaasun pohjaan ja auto lähti nopeasti liikkeelle. Kun he saapuivat pankille, siellä ei ollut vielä toista poliisiautoa.
"Me saamme mielenkiintoisen raportin, jos menemme sisään", David sanoi.
"Te kaverit tehkää, mitä teidän pitää. Ja minä tulen sisälle takaovesta", ylikonstaapeli Tiukka sanoi. Hän otti esiin aseensa ja meni nopeasti pankin takaovelle. David ja Robert tulivat pankkiin pääovesta. He näkivät miehen seisomassa kassan lähellä. Hänen toinen kätensä oli hänen taskussaanja hän katseli ympäriinsä. Mies, joka tuli hänen kanssaan, astui pois jonosta ja tuli hänen luokseen.
"Missä rahat ovat?" hän kysyi Bobilta.
"Roger, kassavirkailija sanoi, että ne laitetaan laukkuihin", toinen ryöstäjä vastasi.
"Minä olen kyllästynyt odottamaan!" Roger sanoi. Hän otti aseensa esiin ja osoitti sillä kassavirkailijaa. "Tuo kaikki rahat nyt!" hän kirkui kassavirkailijalle. Sitten hän meni huoneen keskelle ja huusi: "Kuunnelkaa kaikki! Tämä on ryöstö! Kukaan ei liiku!" Tällä hetkellä joku liikkui kassan luona. Ryöstäjä aseen kanssa ampui häntä katsomatta. Toinen ryöstäjä kaatui lattialle ja huusi: "Roger! Sinä täysidiootti! Hitto vieköön! Sinä ammuit minua!"
"Ai, Bobby! Minä en nähnyt, että se olit sinä!" Roger sanoi. Tällä hetkellä kassavirkailija juoksi ulos nopeasti.
"Kassavirkailija karkasi ja rahoja ei ole vielä tuotu tänne!" Roger huusi Bobille. "Poliisi saattaa saapua pian! Mitä meidän pitää tehdä?"
"Ota jotain isoa, riko lasi ja ota rahat! Nopeasti!" Bob huusi. Roger otti metallisen tuolin ja löi kassan lasia. Se ei tietenkään ollut tavallista lasia eikä se hajonnut. Mutta tuoli kimposi takaisin ja osui ryöstäjää päähän! Hän kaatui lattialle tajuttomana. Tällä hetkellä ylikonstaapeli Tiukka juoksi sisälle ja laittoi nopeasti käsiraudat ryöstäjille. Hän kääntyi Davidin ja Robertin puoleen.
"Minähän sanoin! Useimmat rikolliset ovat vain typeriä!" hän sanoi.

an der Bank ankamen, war noch kein anderes Polizeiauto da.
„Das wird ein interessanter Bericht, wenn wir reingehen", sagte David.
„Ihr Jungs macht, was ihr braucht. Ich gehe durch die Hintertür rein", sagte Polizeihauptmeister Strict. Er holte seine Waffe raus und ging schnell zur Hintertür der Bank. David und Robert betraten die Bank durch die Eingangstür. Sie sahen einen Mann in der Nähe der Kasse stehen. Er hatte eine Hand in seiner Tasche und sah sich um. Der Mann, der mit ihm gekommen war, ging aus der Schlange zu ihm.
„Wo ist das Geld?", fragte er Bob.
„Roger, der Kassierer hat gesagt, dass es in Taschen gepackt wird", antwortete der andere Dieb.
„Ich habe es satt, zu warten", sagte Roger. Er holte seine Waffe hervor und richtete sie auf den Kassierer.
„Bringen Sie jetzt alles Geld!", schrie er. Dann ging er in die Mitte des Raums und rief: „Alle herhören! Das ist ein Überfall! Niemand bewegt sich!" In diesem Moment bewegte sich jemand in der Nähe der Kasse. Der Dieb mit der Waffe schoss auf ihn, ohne hinzuschauen. Der andere Dieb fiel auf den Boden und rief: „Roger! Du Vollidiot! Verdammt! Du hast mich angeschossen!"
„Oh, Bobby! Ich habe nicht gesehen, dass du das bist!", sagte Roger. In diesem Moment rannte der Kassierer schnell nach draußen.
„Der Kassierer ist weggerannt, und das Geld ist noch nicht hierher gebracht worden!", rief Roger Bob zu.
„Die Polizei kann jeden Moment kommen! Was sollen wir machen?"
„Nimm etwas Großes, zerschlag das Glas und nimm das Geld! Schnell!", rief Bob. Roger nahm einen metallenen Stuhl und schlug auf das Glas der Kasse. Natürlich war es kein gewöhnliches Glas und zerbrach nicht. Doch der Stuhl prallte zurück und traf den Dieb am Kopf! Er fiel bewusstlos zu Boden. In diesem Moment kam Polizeihauptmeister Strict hereingerannt und legte den Dieben schnell Handschellen an. Er drehte sich zu David und Robert um.
„Hab ich es doch gesagt! Die meisten Verbrecher sind einfach nur dumm!", sagte er.

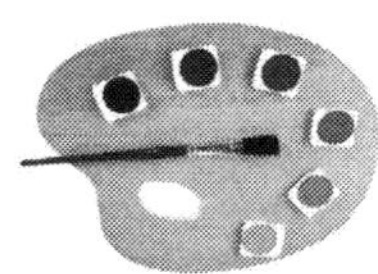

29

Koulu ulkomaalaisille opiskelijoille (KUO) ja au paireille

Schule für Austauschschüler (SAS) und Au-pair

A

Sanat

1. asui - lebte, geleben
2. epäreilu - ungerecht
3. henkilö - die Person
4. internetsivu - die Website
5. isäntä - der Gastgeber
6. isäntäperhe - die Gastfamilie
7. kaksi kertaa - zweimal
8. kerran - einmal
9. kilpailu - die Ausschreibung, der Wettbewerb
10. kirje - der Brief
11. kirjoitti - schrieb, geschrieben
12. koska - da, weil
13. kurssi - der Kurs
14. kylä - das Dorf
15. lähetti - schickte, geschickt
16. lähin - nächste
17. liittyä - kommen in
18. maa - das Land
19. mahdollisuus - die Möglichkeit
20. maksaa - bezahlen, zahlen
21. maksoi - bezahlte, gezahlt
22. meni - lief ab, abgelaufen
23. muutos - die Änderung; muuttaa - ändern
24. myös - auch
25. ongelma - das Problem
26. oppiminen - das Lernen
27. osallistuja - der Teilnehmer
28. päivämäärä - das Datum
29. palvelija - der Bedienstete
30. Pohjois-Amerikka ja Euraasia - Nordamerika und Eurasien
31. sähköposti - die E-Mail
32. siitä lähtien - seit
33. soittivat - riefen an

34. sopimus - die Vereinbarung
35. standardi - der Standard, Standard-
36. toivo - die Hoffnung; toivoa - hoffen
37. tytär - die Tochter
38. valita - auswählen, entscheiden für
39. valitsi - auswählte, entschied sich für
40. vanhin - älter
41. vieraili - besuchte, besucht
42. Yhdysvallat, USA - die Vereinigten Staaten, die USA

Koulu ulkomaalaisille opiskelijoille (KUO) ja au paireille

Robertin sisko, veli ja vanhemmat asuivat Saksassa. He asuivat Hannoverissa. Siskon nimi oli Gabi. Hän oli kaksikymmentävuotias. Hän oli oppinut englantia siitä lähtien, kun hän oli yksitoistavuotias. Kun Gabi oli viisitoistavuotias, hän halusi osallistua KUO- ohjelmaan. KUO antaa mahdollisuuden muutamille euraasialaisille lukiolaisille viettää vuoden USA:ssa, asua isäntäperheen kanssa ja opiskella amerikkalaisessa koulussa. Ohjelma on ilmainen. KUO maksaa lentoliput, asumisen perheen kanssa, ruoan ja opiskelun amerikkalaisessa koulussa. Mutta saadessaan ilmoituksen kilpailupäivämäärästä internetsivulta, kilpailupäivämäärä oli jo mennyt. Sitten hän sai selville au pair-ohjelmasta. Tämä ohjelma antaa siihen osallistuville mahdollisuuden viettää vuoden tai kaksi toisessa maassa asuen isäntäperheen kanssa, katsoen lapsien perään ja opiskellen kielikurssilla. Koska Robert oli juuri opiskelemassa San Franciscossa, Gabi kirjoitti hänelle sähköpostin. Hän pyysi Robertia etsimään hänelle isäntäperheen USA:sta. Robert katseli joitain sanomalehtiä ja internetsivujen ilmoituksia. Hän löysi joitain isänperheitä USA:sta sivulta http://www.aupair-world.net/. Sitten Robert vieraili au pair-toimistossa San Franciscossa. Häntä konsultoi nainen. Hänen nimensä oli Alice Auringonkukka.

”Minun siskoni on Saksasta. Hän haluaisi työskennellä au pairina amerikkalaisessa perheessä. Voitko auttaa minua tässä ongelmassa?” Robert kysyi Alicelta.

”Tietenkin, minä autan sinua mielelläni. Me voimme sijoittaa au paireja perheisiin joka puolelle USA:ata. Au pair on henkilö, joka liittyy isäntäperheeseen auttaakseen talossaa ja katsoo lasten perään. Isäntäperhe antaa au pairille ruokaa, huoneen ja taskurahaa. Taskuraha saattaa olla

Schule für Austauschschüler (SAS) und Au-pair

Roberts Schwester, Bruder und Eltern lebten in Deutschland. Sie wohnten in Hannover. Seine Schwester hieß Gabi. Sie war zwanzig Jahre alt. Sie lernte Englisch, seit sie elf war. Als Gabi fünfzehn war, wollte sie an dem Programm SAS teilnehmen. SAS gibt Highschool- Schülern aus Eurasien die Möglichkeit, ein Jahr in den USA zu verbringen, in einer Gastfamilie zu leben und eine amerikanische Schule zu besuchen. Das Programm ist kostenlos. Das Flugticket, die Unterkunft in der Familie, Essen und das Besuchen der amerikanischen Schule werden von SAS gezahlt. Aber als sie sich auf der Website über die Ausschreibung informierte, war die Frist schon abgelaufen.

Dann erfuhr sie von dem Au-pair-Programm. Dieses Programm ermöglicht es den Teilnehmern, ein oder zwei Jahre in einem anderen Land zu verbringen, bei einer Gastfamilie zu leben, sich um die Kinder zu kümmern und eine Sprachschule zu besuchen. Da Robert gerade in San Francisco studierte, schrieb Gabi ihm eine E-Mail. Sie bat ihn darum, eine Gastfamilie für sie in den USA zu finden. Robert sah Zeitungen und Websites mit Anzeigen durch. Er fand amerikanische Gastfamilien auf http://www.aupair-world.net/. Dann ging Robert zu einer Au-pair-Vermittlung in San Francisco. Er wurde von einer Frau beraten. Sie hieß Alice Sunflower.

„Meine Schwester ist aus Deutschland. Sie würde gerne als Au-pair bei einer amerikanischen Familie arbeiten. Können Sie mir helfen?“, fragte Robert Alice.

„Natürlich, sehr gerne. Wir vermitteln Au- pairs an Familien überall in der USA. Ein Au-pair kommt in eine Gastfamilie, um im Haus zu helfen und sich um die Kinder zu kümmern. Die Gastfamilie gibt dem Au-pair Essen, ein Zimmer und Taschengeld. Das Taschengeld liegt zwischen zweihundert und sechshundert Dollar. Die Gastfamilie muss auch einen Sprachkurs für das Au-pair bezahlen“, sagte Alice.

200:sta 600:aan dollaria. Isäntäperheen pitää maksaa myös kielikurssi au pairille", Alice sanoi. "Onko hyviä ja huonoja perheitä?" Robert kysyi. "Perheen valitsemisessa on kaksi ongelmaa. Ensiksi, useat perheet luulevat, että au pair on palvelija, jonka pitää tehdä talossa kaikki, sisältäen kokkauksen perheen jäsenille, siivoamisen, pesemisen, puutarhatyöt jne. Mutta au pair ei ole palvelija. Au pair on kuin perheen vanhin tytär tai poika, joka auttaa vanhempiaan nuorempien lasten kanssa. Suojellakseen oikeuksiaan au pairien pitää tehdä sopimus isäntäperheen kanssa. Älä usko, kun jotkut au pair-toimistot tai isäntäperheet sanovat, että he käyttävät "standardi" sopimusta. Ei ole standardisopimusta. Au pair voi muuttaa mitä sopimuksen kohtaa tahansa, jos se on epäreilu. Kaikki, mitä au pair ja isäntäperhe tekevät, pitää olla kirjoitettuna sopimukseen.

Toinen ongelma on tämä: jotkut perheet asuvat pienissä kylissä, joissa ei ole kielikursseja ja vain muutamia paikkoja, joihin au pair voi mennä vapaa-ajalla. Tässä tapauksessa on tärkeää sisällyttää sopimukseen, että isäntäperheen pitää maksaa kaksisuuntaiset liput lähimpään isoon kaupunkiin, silloin, kun au pair menee sinne. Se voi olla kerran tai kahdesti viikossa."

"Ymmärrän. Siskoni haluaisi perheen San Franciscosta. Voitko sinä etsiä hyvän perheen tästä kaupungista?" Robert kysyi.

"No, San Franciscosta on nyt noin kaksikymmentä perhettä", Alice vastasi. Hän soitti joillekin heistä. Isäntäperheet ottaisivat mielellään au pairin Saksasta. Useimmat perheistä halusivat saada kirjeen Gabin valokuvan kanssa. Jotkut heistä halusivat myös soittaa hänelle varmistaakseen, että hän osaa puhua edes vähän englantia. Niinpä Robert antoi heille hänen puhelinnumeronsa. Jotkut isäntäperheistä soittivat Gabille. Sitten hän lähetti heille kirjeitä. Viimein hän valitsi sopivan perheen ja teki Alicen avulla sopimuksen heidän kanssaan. Perhe maksoi lipun Saksasta USA:han. Viimein Gabi lähti USA:han täynnä toiveita ja unelmia.

„Gibt es gute und schlechte Familien?", fragte Robert.

„Es gibt zwei Probleme bei der Wahl einer Familie. Zum einen denken manche Familien, dass ein Au- pair ein Bediensteter sei, der alles im Haus machen muss, einschließlich für die ganze Familie kochen, putzen, waschen, Gartenarbeit usw. Aber ein Au-pair ist kein Bediensteter. Ein Au-pair ist wie eine ältere Tochter oder ein älterer Sohn der Familie, der den Eltern mit den jüngeren Kindern hilft. Um ihre Rechte zu schützen, müssen die Au-pairs eine Vereinbarung mit der Gastfamilie ausarbeiten. Glaub bloß nicht, wenn Au-pair-Vermittlungen oder Gastfamilien sagen, dass sie eine Standardvereinbarung verwenden. Es gibt keine Standardvereinbarung. Das Au-pair kann jeden Teil der Vereinbarung ändern, wenn sie ungerecht ist. Alles, was ein Au-pair und die Gastfamilie machen, muss schriftlich in der Vereinbarung festgehalten werden.

Das zweite Problem ist: Manche Familien leben in kleinen Dörfern, in denen es keine Sprachkurse und wenige Orte gibt, wo das Au-pair in seiner Freizeit hingehen kann. In diesem Fall muss die Vereinbarung enthalten, dass die Gastfamilie für Hin- und Rückfahrkarten in die nächste größere Stadt zahlen muss, wenn das Au-pair dorthin fährt. Das kann ein- oder zweimal die Woche sein."

„Alles klar. Meine Schwester hätte gerne eine Familie aus San Francisco. Können Sie eine gute Familie in dieser Stadt finden?", fragte Robert.

„Na ja, im Moment haben wir etwa zwanzig Familien aus San Francisco", antwortete Alice. Sie rief ein paar von ihnen an. Die Gastfamilien waren froh, ein Au-pair-Mädchen aus Deutschland zu bekommen. Die meisten Familien wollten einen Brief mit einem Foto von Gabi. Manche wollten sie auch anrufen, um sicherzugehen, dass sie ein bisschen Englisch sprach. Also gab Robert ihnen ihre Telefonnummer.

Ein paar Gastfamilien riefen Gabi an. Dann schickte sie ihnen Briefe. Schließlich entschied sie sich für eine passende Familie und arbeitete mit Alices Hilfe eine Vereinbarung mit ihnen aus. Die Familie bezahlte das Ticket von Deutschland in die USA. Schließlich fuhr Gabi voller Hoffnungen und Träume in die USA.

* * *

Wörterbuch Finnisch-Deutsch

aalto - die Welle
aamiainen, aamupala - das Frühstück; syödä aamiaista - frühstücken
aamu - der Morgen
ääneen - laut
äänetön, äänettömästi / hiljaa - leise
ääni - die Stimme
Ai! - Oh!
äidinkieli - die Muttersprache
aika - die Zeit
aikakauslehti - die Zeitschrift
aikoa - werden
aina - immer
äiti - Mama, die Mutter
ajaa - fahren
ajaa pyörällä - Fahrrad fahren, mit dem Fahrrad fahren
ajaa ylinopeutta - rasen
ajaja, kuljettaja - der Fahrer
ajatella - denken
ajatteleva, ajatellen - denkend
ajoi - fuhr, gefahren
ajokortti - der Führerschein
Älä huolehdi! - Mach dir keinen Kopf!
alas - nach unten
alla - unter
alleviivata - unterstreichen
aloittaa, alkaa, käynnistää - anfangen
aloitti, alkoi - begann
älyllinen, luovuutta ja ajattelua vaativa työ (kevyt työ) - die Kopfarbeit
amerikkalainen - Amerikaner
ammatti - der Beruf
ampui - schoss; angeschossen
ansaita, tienata - verdienen; Minä tienaan 10 dollaria tunnissa. - Ich verdiene zehn Dollar pro Stunde.
antaa, sallia - geben, lassen
Anteeksi. - Entschuldigen Sie.
antoi - gab, gegeben
apina - der Affe
apteekki - die Apotheke
apu; auttaa - die Hilfe; helfen
apulainen - der Helfer
arkki - das Blatt
arvioi - ausgewertete, ausgewertet
arvioida - beurteilen
ase - die Waffe
asema - die Position
asettaa, laittaa; paikka - legen, der Platz
asia, esine, "juttu" - das Ding, die Sache
asiakas - der Kunde
askel - der Schritt
aspiriini - das Aspirin
astua, painaa - treten
astui, painoi - trat
asui - lebte, geleben
asuva - wohnhaft
auto - das Auto
avain - der Schlüssel
avaruus - das Weltall
avaruusalus - das Raumschiff
avaruusolio - der Außerirdische
avasi - öffnete, geöffnet
avata, auki - öffnen
bussi, linja-auto - der Bus; mennä bussilla / mennä linja-autolla - mit dem Bus fahren
CD - die CD
CD-soitin - der CD-Spieler
Davidin kirja - Davids Buch
DVD - die DVD
edemmäs, kauemmas - weiter
ei - nein, nicht
ei koskaan - nie
ei kukaan - niemand
ei mitään - nichts
ei täydy, ei pidä, ei kuulu, ei tarvitse, ei saa - nicht dürfen
eilen - gestern
elää, asua - leben, wohnen
eläin - das Tier
eläinlääkäri - der Tierarzt
eläintarha - der Zoo
elämä, henki - das Leben
elokuva - der Film
en-biljoona - die Billion
energia - die Energie
ennen - vor
ensimmäiseksi - erst
epäreilu - ungerecht
erilainen - verschieden

erottaa - feuern
esimerkiksi - zum Beispiel
esimerkki - das Beispiel
esittää, teeskennellä - vorgeben; so tun, als ob
espanjalainen, espanjankielinen - spanisch, Spanisch
että - dass; Tiedän, että tämä kirja on mielenkiintoinen. - Ich weiß, dass dieses Buch interessant ist.
etupuoli, etu- - vorn
eturenkaat - die Vorderräder
fiksu, nokkela, älykäs, viisas - schlau, intelligent
fyysinen työ, ruumiillinen työ - die Handarbeit
häiritä - ärgern
haiseva - stinkend
hakea - sich bewerben
hallinta, valvonta - die Kontrolle
halusi - wollte
haluta, tahtoa - wollen
hälytys - der Alarm
hämmentynyt - verwirrt
hän - er, sie
hänen kirjansa - ihr Buch
hänen sänkynsä - sein, seine; sein Bett
häntä - der Schwanz, ihm
harmaa - grau
harmaahiuksinen - grauhaarig
harvoin - selten
hattu - der Hut
haukkui - bellte
hauska - lustig
hauskuus - der Spaß
hävettää - sich schämen; häntä hävettää - er schämt sich
he, ne - sie
hei, hei sitten, hei vaan, "heippa" - tschüss; hei, moi, terve - hallo
Hei! - Hey!
heidän, niiden - ihr
hengenpelastustemppu - der Rettungstrick
henkilö - die Person
henkilökohtainen - persönlich
henkilöstöosasto - die Personalabteilung
herra, hra - Herr, Hr.
hetki - der Moment
hiekka - der Sand
hieno, hyvä - gut
hieroa - reiben
hiljaa, hitaasti - leise, langsam
hinta - der Preis
hissi - der Aufzug
hitto - verdammt
hiukset (pl.) - das Haar
hotelli - das Hotel
hotellit - die Hotels
housut (pl.) - die Hose
huolehtia - sich Sorgen machen
huolehtia jostakin - sich kümmern um
huolellinen - sorgfältig
huominen, huomenna - morgen
huomio - die Aufmerksamkeit
huone - das Zimmer
huoneet - die Zimmer
huonekalu - die Möbel
huono, paha - schlecht
huusi - rief, gerufen
huutaa, kutsua, soittaa (puhelimella) - rufen, anrufen; puhelinkeskus - das Callcenter
hymy - das Lächeln
hymyili - lächelte
hymyillä - lächeln
hypätä - springen; hyppy - der Sprung
hyttynen - die Stechmücke
hyvä (adj.), hyvin (adv.), - gut
hyvin, erittäin - sehr
idea, ajatus - die Idee
ihminen - der Mensch
ihmiset - die Menschen
ikä - das Alter
ikkuna - das Fenster
ikkunat - die Fenster
ilma - die Luft
ilman - ohne
ilman sanoja, sanomatta sanaakaan - wortlos
ilmoittaa, kertoa, informoida, tiedottaa - informieren, mitteilen
ilmoitti - informierte,
iloinen, onnellinen - froh, glücklich
ilta - der Abend
insinööri - der Ingenieur
internetsivu - die Website
isä - der Vater
isäntä - der Gastgeber
isäntäperhe - die Gastfamilie
isi - Papa
iso, suuri - groß

isompi - größer
istua - sitzen
istua alas - sich hinsetzen
istuin, paikka - der Sitz; istua paikalle - sich hinsetzen
itkeä, kiljahtaa, huutaa - weinen, schreien, rufen
ja - und
jäätelö - das Eis
jähmettyä - erstarren
jalka - das Bein, der Fuß
jalkaisin - zu Fuß
jälkeen - nach
jarru - die Bremse
jarruttaa - bremsen
järvi - der See
jäsen - das Mitglied
jatkaa - fortführen
jatkaa katsomista - weiter schauen
jatkuu - Fortsetzung folgt
jatkuva - beständig
jättää, jätti - verlassen, verließ
jne. - usw.
jo - schon
johtaja - der Führer
joitain, joitakin, muutama, muutamia - ein paar, einige
joka - der, die, das *(konj.);* joka, jokainen - jeder, jede, jedes; joka, kuka - wer
joku - jemand
jompikumpi teistä - einer von euch
jonka - wessen
jonkin sijasta / jonkin sijaan - anstelle von
(jonkun) kanssa - mit
jonnekin - in
jono - die Schlange
jos - ob
joskus, toisinaan - manchmal, ab und zu
jotain, jotakin - etwas
jotakin / jotakuta varten, -lle - für
joten - deswegen
juna - der Zug
juoda - trinken
juosta, hölkätä, lenkkeillä - rennen, joggen, laufen
-kaamme, -käämme - lass uns
kääntää - drehen
kääntäjä - der Übersetzer
kääntyi - drehte, gedreht
kaapeli - das Kabel
kaasu - das Gas
kaataa - schütten, gießen
kadut - die Straßen
kahdeksan - acht
kahdeksas - achter
kahvi - der Kaffee
kahvila - das Café
kaikki, jokainen - alle, alles
kaksi - zwei
kaksi kertaa - zweimal
kaksikymmentä - zwanzig
kaksikymmentäviisi - fünfundzwanzig
kaksikymmentäyksi - einundzwanzig
kaksitoista - zwölf
kalpea - blass
Kanada - Kanada
kanadalainen - Kanadier
kansallisuus, kansalaisuus - die Nationalität
kapteeni - der Kapitän
karata - weglaufen
kartta - die Karte
käsiraudat - die Handschellen
käsivarsi - der Arm
käskeä - befehlen
kassa - die Kasse; kassavirkailija - der Kassierer
kassakaappi - der Tresor
kasvot (pl.) - das Gesicht
käteinen - das Bargeld
katsoa - schauen, betrachten
katsoa ympäriinsä - sich umsehen
katsoi - sah, schaute, geschaut
katto - das Dach
katu - die Straße
kaukana - weit
kaunis - wunderschön
kaupat - die Läden
kauppa - der Laden
kaupungin keskusta - das Stadtzentrum
kaupunki - die Stadt
kausi, vuodenaika - die (Jahres)zeit
kävelevä, kävellen - laufend
kävellä - gehen
kaveri - der Junge
käynnisti - machte an
käyttää - benutzen
kehittää - entwickeln
keinua - schaukeln
keittiö - die Küche

kello - die Uhr; Kello on kaksi. - Es ist zwei Uhr.
kello yhdeltä - um eins
kellua - treiben
kelluminen - das Treiben
keltainen - gelb
kemia - die Chemie
kemikaalinen - chemisch
kemikaalit - die Chemikalien
kenguru - das Känguru
kenttä - das Feld
kerho - der Verein
kerran - einmal
kertoa, sanoa - sagen
keskus-, pää- - Haupt-, zentral
keskusta - das Zentrum
kestää - dauern; Elokuva kestää yli kolme tuntia. - Der Film dauert mehr als 3 Stunden.
kevyesti - leicht
kieli - die Sprache
kieltäytyä - ablehnen
kiinnittää - anschnallen
kiinnittää huomiota johonkin, huomioida jotakin - achten auf
kiirehti - raste
kiitoksia, kiitos, kiitti - danke
kiittää - danken
kilometri - der Kilometer
kilpailu - die Ausschreibung, der Wettbewerb
kimmota - abprallen
kirja - das Buch
kirjahylly - das Bücherregal
kirje - der Brief
kirjoittaa - schreiben
kirjoittaja, kirjailija - der Schriftsteller
kirjoitti - schrieb, geschrieben
kissa - die Katze
kissanpentu, kissanpoikanen - das Kätzchen
kisumirri - die Miezekatze
kivi - der Stein
koe - die Prüfung
koira - der Hund
kokeilla, testata - versuchen, prüfen
kokemus - die Erfahrung
kokkaava, kokaten - kochend
kollega, työtoveri, työkaveri - der Kollege
kolmas - dritter
kolme - drei
kolmekymmentä - dreißig
kone - die Maschine
konsultoida, neuvoa - beraten
konsultointi - die Beratung
koordinaatio - die Koordination
korkea - hoch
korkeakoulu, yliopisto - die Universität, die Uni
korva - das Ohr
koska, lähtien - da, weil
koti - das Zuhause; mennä kotiin - nach Hause gehen
koulu - die Schule
kouluttaa - trainieren; koulutettu - trainiert
koulutus - die Ausbildung
kristalli, kide - das Kristall
kuin - als; George on vanhempi kuin Linda. - George ist älter als Linda.
kuinka - wie
kuiva - trocken; kuivata - trocknen
kukka - die Blume
kuljetus - der Transport
kulkea - führen
kulku, virtaus - der Fluss
kuluttaa, käyttää - ausgeben, verwenden
kumi-, kuminen - der Gummi
kunnes - bis
kuntouttaa - gesund pflegen
kuntoutus - die Genesung, Rehabilitation
kuoli - starb
kuolla - sterben
kuorma-auto - der Lastwagen
kuppi - die Tasse
kurssi - der Kurs
kustannus- - der Verlag
kuten - da, wie
kuudes - sechster
kuuli - hörte
kuunnella - hören; Minä kuuntelen musiikkia. - Ich höre Musik.
kuunnella tarkasti / tarkkaan - genau zuhören
kuusi - sechs
kuusikymmentä - sechzig
kuva - das Foto
kylä - das Dorf
kyllä - ja
kylmä - kalt
kylmyys - die Kälte
kylpyamme - die Badewanne
kylpyhuone - das Bad, das Badezimmer

kylpyhuoneen pöytä - der Badezimmertisch
kymmenen - zehn
kymmenes - zehnter
kynä - der Stift
kynät - die Stifte
kyselylomake - der Fragebogen
kysyä, pyytää - bitten, fragen
kysyi - fragte, gefragt
lääkäri - der Arzt
lääketieteellinen - medizinisch
laatia, kirjoittaa - entwerfen, verfassen
laatikko - die Kiste
läheisyys - die Nähe
lähellä - in der Nähe, nahe
lähempänä - näher
lähetti - schickte, geschickt
lähin - nächste
lahja - die Begabung
lähteä - weggehen
lähti liikkeelle - fuhr los
laittaa päälle - anmachen
laiva - das Schiff
laji, tyyppi - die Art
läksy, harjoitus - die Aufgabe, die Lektion; läksy, kotitehtävä - die Hausaufgaben
lämmittää - aufwärmen
lämpö - warm
läpäistä koe - eine Prüfung bestehen
läpi - hindurch
lapset - die Kinder
lapsi - das Kind
laser - der Laser
lasi - das Glas
laskeutua - landen
laskuvarjo - der Fallschirm
laskuvarjohyppääjä - der Fallschirmspringer
lastata - laden
lastatat - beladen; lastaaja, kuormaaja - der Verlader
lattia - der Boden
lauantai - der Samstag
laukku - die Tasche
laulaa - singen; laulaja - der Sänger
lause - der Satz
lautanen (kuppi, kippo) - der Teller
leijona - der Löwe
leikkiä, pelata, soittaa - spielen
leikkiminen - das Spielen
leipä - das Brot
lelu - das Spielzeug
lemmikki - das Haustier
lempi-, mieli-, suosikki- - Lieblings-; lempielokuva, mielielokuva, suosikkielokuva - der Lieblingsfilm
lensi pois - flog weg
lentokone - das Flugzeug
lentonäytös - die Flugschau
levittää - übergreifen
liesi, hella - der Herd
liian, liikaa, myös - auch
liikkui - bewegte sich
liittyä - kommen in
likainen - dreckig
lintu - der Vogel
lippu - die Fahrkarte
lisää, enemmän - mehr
lista - die Liste
-lla / -llä, olla jonkin päällä - auf
-lle, jollekin, jotakin varten - für
loistava - wunderbar
lomake, kaavake - das Formular
lopetettu - fertig
lopetti - beendete
loppu - das Ende; lopettaa, päättää - beenden
löytää, etsiä - finden
löytyi - fand, gefunden
luja / kova (adj.), lujasti / kovasti (adv.) - stark
lukea - lesen
lukien, lukeva - lesend
luokka - die Klasse
luokkahuone - das Klassenzimmer
luonto - die Natur
luova - kreativ
lyhyt - kurz
lyödä, iskeä - schlagen
maa - das Land, die Erde
maailma - die Welt
maanantai - der Montag
maanviljelijä - der Bauer
maatila - der Bauernhof
mahdollinen - möglich
mahdollisuus, tilaisuus - die Möglichkeit, die Chance
mahtava - super, toll
mainos - die Anzeige, die Werbung; mainos, ilmoitus - das Inserat

maksaa - bezahlen,zahlen; maksaa, olla hinta - kosten
maksoi - bezahlte, gezahlt
märkä - nass
matkapuhelin - das Handy
matkustaa - reisen
maukas, herkullinen - lecker
me - wir
meidän - unser
meitä - uns
melko - ziemlich
menettää - verlieren
meni - lief ab, abgelaufen
meni pois - verließ
mennä - gehen, fahren; Minä menen pankkiin. - Ich gehe zur Bank.
merenranta - die Küste
meri - das Meer
metalli - das Metall
metri - der Meter
miehet - die Männer
miekkavalas - der Schwertwal
mielenkiintoinen - interessant
mies, ihminen - der Mann, der Mensch; mies, miespuolinen - männlich
Mikä on vikana? / Mikä on hätänä? - Was ist los?
Mikä pöytä? - Welcher Tisch?
mikrofoni - das Mikrofon
milloin, kun - wenn
minä - ich
minua - mich
minun - mein, meine, mein
Minun täytyy mennä. / Minun pitää mennä. - Ich muss gehen.
minuutti - die Minute
missä - wo
mitä, mikä - was, welcher/welche/welches; Mitä / Mikä tämä on? - Was ist das?
mitään - irgendwelche
moi, hei - hallo
monitaitoinen - vielseitig, alles könnend
monta - viele
moottori - der Motor
muisti - erinnerte sich
muistiinpano, kirjelappu, muistio - die Notiz
mukava, kiva - schön
musiikki - die Musik
musta - schwarz
mutta - aber
muu, muut - andere, anders, sonst
muutama; joitakin, muutamia - ein paar
muuten - übrigens
muutos - die Änderung; muuttaa - ändern
myös - auch
myöskään - auch
mysteeri - das Rätsel
myydä - verkaufen
myyjä - der Verkäufer, die Verkäuferin
naapuri - der Nachbar
nähdä - sehen
naimaton - ledig
nainen - die Frau
nainen, naispuolinen - weiblich
näkemiin - Auf Wiedersehen
näki - sah, gesehen
nälkäinen - hungrig; Minulla on nälkä. / Olen nälkäinen. - Ich habe Hunger.
nämä - diese (Pl.)
napata, ottaa kiinni - fangen
näppäimistö - die Tastatur
nappi - der Knopf
nauhoittaa - aufnehmen
nauraa - lachen
nauttia - Spaß haben, genießen
näyttää - zeigen
näytti - zeigte
neiti - Fräulein
neljä - vier
neljäkymmentäneljä - vierundvierzig
neljäs - vierter
nenä - die Nase
neuvoja - der Berater
nielaista - (hinunter)schlucken
niin usein kuin mahdollista - so oft wie möglich
nimi, nimittää - der Name, nennen
noin - etwa
nopea, nopeasti - schnell
nopeus - die Geschwindigkeit
nousta ylös - aufstehen; Nouse ylös! - Steh auf!
nukke - die Puppe
nukkua - schlafen
numero - die Nummer
nuo - jene (Pl.)
nuori - jung
nyt - jetzt, zurzeit, gerade
odottaa - warten

odotti - wartete, gewartet
ohi - vorbei
ohjata - lenken
ohjelma - das Programm
ohjelmoija - der Programmierer
oikea, oikein - rechts, wirklich, richtig; korjata - korrigieren
oikeasti, todella - wirklich
ok, selvä, selvä juttu, selvän teki - gut, alles klar
okei, ok, selvä - okay, gut
ole hyvä, olkaa hyvä (olisitko ystävällinen) - bitte
oli - tat, war; oli, omisti - hatte
olivat - waren
öljy - das Öl
olla - sein
olla jossain - am, beim
olla pahoillaan - leid tun; Olen pahoillani. - Es tut mir leid.
olla samaa mieltä, olla yhtä mieltä - einverstanden sein
oma - eigener, eigene, eigenes
omistaja - der Besitzer
on, olla, omistaa - haben, er/sie/es hat; Hänellä on kirja. - Er hat ein Buch.
ongelma - das Problem
onnellisuus - das Glück
onnettomuus, vahinko - der Unfall
opettaa - beibringen
opettaja - der Lehrer
opiskelija - der Student
opiskelija-asuntola - das Studentenwohnheim
opiskelijat - die Studenten
opiskella - studieren
oppi - kennengelernte
oppia - lernen
oppikirja - das Fachbuch
oppiminen - das Lernen
osa - der Teil
osallistua - teilnehmen
osallistuja - der Teilnehmer
osoite - die Adresse
osoitti - richtete
ostaa - kaufen
ostoskeskus - das Einkaufszentrum
otsikko - die Rubrik
ottaa - nehmen
otti - brachte, gebracht; otti, vei - nahm, genommen
outo - fremd
ovela, ovelasti - schlau
ovi - die Tür
pää - der Kopf
päästä (jonnekin) - ankommen
päätoimittaja - der Herausgeber
painaa - drücken
päivä - der Tag; päivittäin - täglich, jeden Tag
päiväkoti - der Kindergarten
päivämäärä - das Datum
paljon - viel
palvelija - der Bedienstete
palvella - bedienen
paniikki - die Panik; panikoida - in Panik versetzen
pankki - die Bank
paperi - das Papier
parempi - besser
parhain terveisin - hochachtungsvoll
parka, raukka - arm
partio - die Patroiulle, die Streife
patja - die Matratze
pelastaa - retten
pelastuspalvelu - der Rettungsdienst
peloissaan - ängstlich
pelto - das Feld
pentu - der Welpe
perhe - die Familie
pestä - waschen, putzen
pesty - gesäubert
pian - bald
pieni - klein
piha - der Hof
pihalla, ulkona - draußen
piiloleikki - das Versteckspiel
piiloutua, piileskellä - sich verstecken
piiloutui - versteckte
piippaus - der Piepton
pilleri, tabletti - die Tablette
pilotti - der Pilot
pimeä - dunkel
pitää, tykätä - mögen; pitää - gefallen; Minä pidän siitä. - Das gefällt mir.
pitkä - lang
pitkin, myöten - entlang
planeetta - der Planet
Pohjois-Amerikka ja Euraasia - Nordamerika und Eurasien

poika - der Junge, der Sohn
poikaystävä - der Freund
pois - weg
pois(sa) käytöstä - außer Betrieb
poissa - weg
poistua - aussteigen
poliisi - der Polizist
(polku)pyörä - das Fahrrad
portaat, rappuset - die Treppe
pöydät - die Tische
pöytä - der Tisch
pudonnut - abgestürzt
pudota, kaatua - fallen
pudoten, putoava - fallend
pudotus - der Fall
puhdas - sauber
puhe - die Rede
puhelimen luuri - der Telefonhörer
puhelin - das Telefon; soittaa (puhelimella) - telefonieren
puhelinvastaaja - der Anrufbeantworter
puhua - sich unterhalten, sprechen
puisto - der Park
puistot - die Parks
pukea päälle - sich anziehen
pukeutunut - angezogen
pulpetti, työpöytä - der Schreibtisch
punainen - rot
Puola - Polen
puoli - halb; puoli yhdeksältä - um halb neun
purkaa - abladen
purkki - der Krug
purra - beißen
putosi - fiel
puutarha - der Garten
pysähtyä, pysäyttää - anhalten
pyykkikone, pesukone - die Waschmaschine
pyytää anteeksi - sich entschuldigen
radio - das Radio
raha - das Geld
rajoitus - die Begrenzung
rakas - lieber, liebe
rakastaa - lieben
rakasti - liebte
rakkaus - die Liebe
ranta - die Küste
raportoida - berichten
raskas, vaikea - schwer
rautatieasema - der Bahnhof
rengas - das Rad
rikollinen, rikos - der Verbrecher
rotta - die Ratte
ruoka - das Essen
ruokkia - füttern
ryöstäjä - der Dieb
ryöstö - der Überfall; ryöstö, varkaus - der Diebstahl
sää - das Wetter
saada, hankkia - bekommen; saada, hankkia (jotain) - (etwas) erhalten; saada, olla lupa - dürfen, können
sääntö - die Regel
saapua - ankommen
saapui - kam an, angekommen
sade; sataa - der Regen
sähkö- - elektrisch
sähköposti - die E-Mail
säilyä, pysyä - bleiben
saksalainen - der Deutsche, die Deutsche
salaisesti, salaa - heimlich
salaisuus - das Geheimnis
sama - der/die/das Gleiche
samaan aikaan - gleichzeitig
samalla kuin - während
sammuttaa - ausmachen
samoin, myös - auch
sana - das Wort, die Vokabel
sanat - die Wörter, die Vokabel
sängyt - die Betten
sanko - der Eimer
sänky - das Bett
sanoa - sagen
sanoi - sagte
sanomalehti - die Zeitung
sarja- - die Serie
sata - hundert
se - es
seepra - das Zebra
seikkailu - das Abenteuer
seisoa - stehen
seitsemän - sieben
seitsemäntoista - siebzehn
seitsemäs - siebter
selittää - erklären
selvä, varma, toki - klar, sicher
sen - sein

seremonia, juhlatilaisuus - die Feier
seurasi, oli mukana - begleitete, begleitet
seurata - begleiten
siellä - dort
siemen - das Saatgut
sihteeri - die Sekretärin
siitä lähtien - seit
siivota, siistiä - sauber machen, putzen
sijasta, sen sijaan - stattdessen
sillä välin - in der Zwischenzeit
silmä - das Auge
silmät - die Augen
silta - die Brücke
silti - noch, weiterhin
sinä / te - du, Sie / ihr
sininen - blau
sinun, teidän - dein
sinun sijastasi - an deiner Stelle
sireeni - die Sirene
sisällä, -ssa, -ssä - in
sisar, sisko - die Schwester
sitten - vor, dann; sen jälkeen - danach
siviilisääty - der Familienstand
soittaa puhelimella - anrufen
soitti - klingelte
soittivat - riefen an
soitto - das Klingeln; soittaa, soida - klingeln
sopimus - die Vereinbarung
sopiva - passend
sota - der Krieg
spanieli - der Spaniel
-ssa, -ssä, olla jossain, sisällä - in
-sta/-stä - aus
standardi - der Standard, Standard-
status, asema, sääty - der Stand
sujuva, sujuvasti - fließend
sukupuoli - das Geschlecht
suljettu - geschlossen
sulkea - schließen
suojella - beschützen
suositella - empfehlen
suositteli - empfahl, empfohlen
suosittelu - die Empfehlung
supermarketti, valintamyymälä - der Supermarkt
surullinen - traurig
suudella, suukottaa - küssen
suunnata, mennä - gehen
suunnitella - planen
suunnitelma - der Plan
suunnittelu - das Design
suuri (adj), suurella / suuresti (adv.) - weit
suuri, suurempi, suurin - groß / größer / am größten
syödä - essen
syy - der Grund
täällä, tässä (paikka) - hier (Ort)
tähti - das Sternchen, der Stern
taide - die Kunst
taiteilija - der Künstler
taito - die Fähigkeit
tajuton - bewusstlos
takaa-ajo - die Verfolgung
takaisin - zurück
takana - hinter
takki - die Jacke
taksi - das Taxi
taksinkuljettaja - der Taxifahrer
talloa, astua - treten
talo - das Haus
talous - die Finanzwissenschaft
tämä - dieser, diese, dieses
tämä asia, tämä "juttu" - diese Dinge
tämä kirja - dieses Buch
tänään - heute
tankki - der Tanker
tänne (suunta) - hierher (Richtung)
tanssi - tanzte
tanssia - tanzen
tanssiva - tanzend
tapahtua - passieren
tapahtunut - passiert
tapasi - traf, kennengelernte, getroffen, kennengelernt
tappaja - der Mörder
tappava - tödlich
tappoi - tötete
tarina - die Geschichte
tärisi - wackelte
täristä - zittern
tärkeä - wichtig
tarkistaa - kontrollieren
tarvita - brauchen
tasku - die Tasche
tässä on - hier ist
tauko - die Pause
tavallinen - gewöhnlich

tavata - treffen, kennenlernen
täysi - voll
täytetty - ausgestopft; täytetty laskuvarjohyppääjä - die Fallschirmspringerpuppe
täyttää - füllen
täytyy, pitää, kuuluu, tarvitsee - müssen
tee - der Tee
teepannu - der Kessel
tehdä, valmistaa - machen; kahvinkeitin - die Kaffeemaschine
tehtävä - die Aufgabe
tekniikka - die Methode
teksti, kirjoitus - der Entwurf, der Text
televisio - der Fernseher
temppu - der Trick
terveys - die Gesundheit
tie, katu - die Straße; tie, reitti - der Weg
tiesi - wusste
tietää, tuntea - kennen, wissen
tietenkin, tietysti, totta kai - natürlich
tieto - die Information, die Angabe
tietokone - der Computer
tiikeri - der Tiger
tiimi, joukkue - die Mannschaft
tilanne - die Situation
todella - wirklich
toimisto - das Büro, die Agentur
toimittaja - der Journalist, der Reporter
toimiva - arbeitend
toinen - ein anderer, eine andere, ein anderes; zweiter; toinen nimi - der zweite Name
toivo - die Hoffnung; toivoa - hoffen
tori - der Platz
tosissaan - ernst
tuhat - tausend
tuhota - zerstören
tuleva, tulevaisuuden - zukünftig
tuli, pääsi - kam
tulipalo - das Feuer
tulla / mennä - kommen / gehen
tunne - das Gefühl
tunnilta - pro Stunde
tuntea toisensa - sich kennen
tunti - die Stunde; tunneittain, joka tunti - stündlich
tuo - jener, jene, jenes
tuoda - bringen
tuoli - der Stuhl
turvavyöt - der Sicherheitsgurt
tutka - der Radar
tuuli - der Wind
tv, televisio - der Fernseher
tyhjä - leer
tyhmä - dumm
työ, työpaikka - die Arbeit; olla paljon töitä / työtä - viel zu tun haben
työnantaja - der Arbeitgeber
työntää - stoßen, ziehen
työntekijä - der Arbeiter
työskenteli - arbeitete, gearbeitet
työvoimatoimisto - die Arbeitsvermittlung
tytär - die Tochter
tyttö - das Mädchen
tyttöystävä - die Freundin
uida - schwimmen
ulvova - heulend
unelma - der Traum
unelmoida - träumen
unohtaa - vergessen
urheilu - der Sport; urheilukauppa - das Sportgeschäft
urheilupyörä - das Sportfahrrad
USA - die USA; USA:sta - aus den USA
usein - oft
uskoa - glauben; ei uskoa silmiään - seinen Augen nicht trauen
uskomaton - wunderbar
uudestaan, uudelleen, taas - wieder
uusi - neu
väärin - falsch
vaatteet (pl.) - die Kleidung
vähän, harvat - wenig
vähemmän - weniger
vähintään, ainakin - wenigstens
vahva, vahvasti, voimakkaasti - stark
vaikea - schwer
vaikka - obwohl, trotzdem
vain - einfach, nur
valas - der Wal
välipala - der Imbiss
välissä - zwischen
valita - auswählen, entscheiden für, wählen, aussuchen
valitsi - auswählte, entschied sich für
välittömästi, heti - sofort
valkoinen - weiß

valmis - fertig
valmistaa - herstellen
valmistautua - vorbereiten
valokuvata; valokuvaaja - fotografieren, der Fotograf
vanhempi - die Eltern
vanhin - älter
vapaa - frei; vapaa-aika - die Freizeit, freie Zeit
vapauttaa, päästää vapaaksi - freisetzen
varas - der Dieb
varastaa - stehlen
varasti - stahl, gestohlen
varkaat - die Diebe
varovasti, tarkasti, tarkkaan - vorsichtig
varsinkin, etenkin - vor allem
vasen - links
vastaan, vastoin - gegen
vastasi - antwortete, geantwortet
vastata; vastaus - antworten, erwidern, die Antwort
vastaus, ratkaisu - die Lösung
väsynyt - müde
veli - der Bruder
vesi - das Wasser
vesihana - der Wasserhahn
vessa, WC - die Toilette
vetää - ziehen
videokasetti - die Videokassette
videokauppa - die Videothek
vielä - noch
vieraili - besuchte, besucht
vieras - der Gast
vihainen - wütend
vihaisesti - wütend
vihata - hassen
vihko, muistikirja, muistivihko - das Notizbuch
vihkot, vihot, muistikirjat, muistivihkot, muistivihot - die Notizbücher
vihreä - grün
viides - fünfter
viikko - die Woche
viimein, lopulta - schließlich
viisi - fünf
viisitoista - fünfzehn
virta - der Strom
voi - die Butter; könnte, kann
voida, kyetä, osata - können; Minä osaan lukea. - Ich kann lesen.
voileipä - das Sandwich
voima - die Stärke
vuosi - das Jahr; vuosi sitten - vor einem Jahr
yhdeksän - neun
yhdeksäs - neunter
yhdessä - zusammen
Yhdysvallat, USA - die Vereinigten Staaten, die USA
yhtäkkiä - plötzlich
yhtiö, firma - die Firma
yksi - ein; yksi kerrallaan - einer nach dem anderen; yksi lisää, yksi vielä - noch einen
yksinkertainen - einfach
yksitellen - einzeln
yksitoikkoinen - monoton
yksitoista - elf
yleensä - normalerweise
yleinen - normal
yleisö - das Publikum
yli, läpi - nach, über
ylikonstaapeli - der Polizeihauptmeister
ylinopeutta ajanut - der Raser
yllättää, yllättyä - überraschen
yllättynyt - überrascht, verwundert
yllätys - die Überraschung
ymmärsi - verstand, verstanden
ymmärtää, käsittää - verstehen
ympäri - rund
yö - die Nacht
yritti - versuchte
yritykset - die Firmen
yritys - die Firma
ystävä - der Freund
ystävällinen - freundlich

Wörterbuch Deutsch-Finnisch

Abend, der - ilta
Abenteuer, das - seikkailu
aber - mutta
abgestürzt - pudonnut
abladen - purkaa
ablehnen - kieltäytyä
abprallen - kimmota
acht - kahdeksan
achten auf - kiinnittää huomiota johonkin, huomioida jotakin
achter - kahdeksas
Adresse, die - osoite
Affe, der - apina
Agentur, die - toimisto
Alarm, der - hälytys
alle - kaikki, jokainen
alles - kaikki
als - kuin; George ist älter als Linda. - George on vanhempi kuin Linda.
älter - vanhin
Alter, das - ikä
am, beim - olla jossain
Amerikaner - amerikkalainen
an deiner Stelle - sinun sijastasi
andere - muu, muut
ändern - muuttaa
anders, sonst - muu, muut
Änderung, die - muutos
anfangen - aloittaa, alkaa, käynnistää
angezogen - pukeutunut
ängstlich - peloissaan
anhalten - pysähtyä, pysäyttää
ankommen - päästä (jonnekin), saapua
anmachen - laittaa päälle
Anrufbeantworter, der - puhelinvastaaja
anrufen - soittaa puhelimella
anschnallen - kiinnittää
anstelle von - jonkin sijasta / jonkin sijaan
antworten, erwidern, die Antwort - vastata; vastaus
antwortete, geantwortet - vastasi
Anzeige, die - mainos
Apotheke, die - apteekki
Arbeit, die - työ, työpaikka; viel zu tun haben - olla paljon töitä / työtä
arbeitend - toimiva
Arbeiter, der - työntekijä
arbeitete, gearbeitet - työskenteli
Arbeitgeber, der - työnantaja
Arbeitsvermittlung, die - työvoimatoimisto
ärgern - häiritä
arm - parka, raukka
Arm, der - käsivarsi
Art, die - laji, tyyppi
Arzt, der - lääkäri
Aspirin, das - aspiriini
auch - liian, liikaa, samoin, myös, myöskään
auf - -lla / -llä, olla jonkin päällä
Auf Wiedersehen - näkemiin
Aufgabe, die; die Lektion - läksy, harjoitus, tehtävä
Aufmerksamkeit, die - huomio
aufnehmen - nauhoittaa
aufstehen - nousta ylös; Steh auf! - Nouse ylös!
aufwärmen - lämmittää
Aufzug, der - hissi
Auge, das - silmä
Augen, die - silmät
aus - -sta/-stä
aus den USA - USA:sta
Ausbildung, die - koulutus
ausgeben, verwenden - kuluttaa, käyttää
ausgestopft - täytetty
ausgewertete, ausgewertet - arvioi
ausmachen - sammuttaa
Ausschreibung, die; der Wettbewerb - kilpailu
außer Betrieb - pois(sa) käytöstä
Außerirdische, der - avaruusolio
aussteigen - poistua
auswählen, entscheiden für - valita
auswählte, entschied sich für - valitsi
Auto, das - auto
Bad, das; das Badezimmer - kylpyhuone
Badewanne, die - kylpyamme
Badezimmertisch, der - kylpyhuoneen pöytä
Bahnhof, der - rautatieasema
bald - pian
Bank, die - pankki
Bargeld, das - käteinen
Bauer, der - maanviljelijä
Bauernhof, der - maatila
bedienen - palvella
Bedienstete, der - palvelija
beenden - lopettaa, päättää

beendete - lopetti
befehlen - käskeä
Begabung, die - lahja
begann - aloitti, alkoi
begleiten - seurata
begleitete, begleitet - seurasi, oli mukana
Begrenzung, die - rajoitus
beibringen - opettaa
Bein, das - jalka
Beispiel, das - esimerkki
beißen - purra
bekommen - saada, hankkia
beladen - lastatat
bellte - haukkui
benutzen - käyttää
beraten - konsultoida, neuvoa
Berater, der - neuvoja
Beratung, die - konsultointi
berichten - raportoida
Beruf, der - ammatti
beschützen - suojella
Besitzer, der - omistaja
besser - parempi
beständig - jatkuva
besuchte, besucht - vieraili
Bett, das - sänky
Betten, die - sängyt
beurteilen - arvioida
bewegte sich - liikkui
bewusstlos - tajuton
bezahlen, zahlen - maksaa
bezahlte, gezahlt - maksoi
Billion, die - en-biljoona
bis - kunnes
bitte - ole hyvä, olkaa hyvä (olisitko ystävällinen)
bitten, fragen - kysyä, pyytää
blass - kalpea
Blatt, das - arkki
blau - sininen
bleiben - säilyä, pysyä
Blume, die - kukka
Boden, der - lattia
brachte, gebracht - otti
brauchen - tarvita
Bremse, die - jarru
bremsen - jarruttaa
Brief, der - kirje
bringen - tuoda
Brot, das - leipä
Brücke, die - silta
Bruder, der - veli
Buch, das - kirja
Bücherregal, das - kirjahylly
Büro, das - toimisto
Bus, der - bussi, linja-auto; mit dem Bus fahren - mennä bussilla / mennä linja-autolla
Butter, die - voi
Café, das - kahvila
Callcenter, das - puhelinkeskus
CD, die - CD
CD-Spieler, der - CD-soitin
Chance, die - mahdollisuus, tilaisuus
Chemie, die - kemia
Chemikalien, die - kemikaalit
chemisch - kemikaalinen
Computer, der - tietokone
da, weil - koska, lähtien
da, wie - kuten
Dach, das - katto
danach - sen jälkeen
danke - kiitoksia, kiitos, kiitti
danken - kiittää
dann - sitten
dass - että; Ich weiß, dass dieses Buch interessant ist. - Tiedän, että tämä kirja on mielenkiintoinen.
Datum, das - päivämäärä
dauern - kestää
Davids Buch - Davidin kirja
dein - sinun, teidän
denken - ajatella
denkend - ajatteleva, ajatellen
der, die, das *(konj.)* - joka
der/die/das Gleiche - sama
Design, das - suunnittelu
deswegen - joten
Deutsche, der; die Deutsche - saksalainen
Dieb, der - ryöstäjä, varas
Diebe, die - varkaat
Diebstahl, der - ryöstö, varkaus
diese (Pl.) - nämä
diese Dinge - tämä asia, tämä "juttu"
dieser, diese, dieses - tämä
dieses Buch - tämä kirja
Ding, das; die Sache - asia, esine, "juttu"
Dorf, das - kylä
dort - siellä
draußen - pihalla, ulkona
dreckig - likainen
drehen - kääntää
drehte, gedreht - kääntyi

drei - kolme
dreißig - kolmekymmentä
dritter - kolmas
drücken - painaa
du, Sie / ihr - sinä / te
dumm - tyhmä
dunkel - pimeä
dürfen, können - saada, olla lupa
DVD, die - DVD
eigener, eigene, eigenes - oma
Eimer, der - sanko
ein - yksi
ein anderer, eine andere, ein anderes - toinen
ein paar - joitain, joitakin, muutama, muutamia
eine Prüfung bestehen - läpäistä koe
einer nach dem anderen - yksi kerrallaan
einer von euch - jompikumpi teistä
einfach - vain, yksinkertainen
einige - joitain, joitakin, muutamia
Einkaufszentrum, das - ostoskeskus
einmal - kerran
einundzwanzig - kaksikymmentäyksi
einverstanden sein - olla samaa mieltä, olla yhtä mieltä
einzeln - yksitellen
Eis, das - jäätelö
elektrisch - sähkö-
elf - yksitoista
Eltern, die - vanhempi
E-Mail, die - sähköposti
empfahl, empfohlen - suositteli
empfehlen - suositella
Empfehlung, die - suosittelu
Ende, das - loppu
Energie, die - energia
entlang - pitkin, myöten
Entschuldigen Sie. - Anteeksi.
entwerfen, verfassen - laatia, kirjoittaa
entwickeln - kehittää
Entwurf, der; der Text - teksti, kirjoitus
er - hän
Erde, die - maa
Erfahrung, die - kokemus
erinnerte sich - muisti
erklären - selittää
ernst - tosissaan
erst - ensimmäiseksi
erstarren - jähmettyä
es - se
essen - syödä
Essen, das - ruoka
etwa - noin
etwas - jotain, jotakin
(etwas) erhalten - saada, hankkia (jotain)
Fachbuch, das - oppikirja
Fähigkeit, die - taito
fahren - ajaa
Fahrer, der - ajaja, kuljettaja
Fahrkarte, die - lippu
Fahrrad, das - (polku)pyörä; Fahrrad fahren, mit dem Fahrrad fahren - ajaa pyörällä
Fall, der - pudotus
fallen - pudota, kaatua
fallend - pudoten, putoava
Fallschirm, der - laskuvarjo
Fallschirmspringer, der - laskuvarjohyppääjä
Fallschirmspringerpuppe, die - täytetty laskuvarjohyppääjä
falsch - väärin
Familie, die - perhe
Familienstand, der - siviilisääty
fand, gefunden - löytyi
fangen - napata, ottaa kiinni
Feier, die - seremonia, juhlatilaisuus
Feld, das - kenttä, pelto
Fenster, das - ikkuna, ikkunat
Fernseher, der - tv, televisio
fertig - lopetettu, valmis
Feuer, das - tulipalo
feuern - erottaa
fiel - putosi
Film, der - elokuva; Der Film dauert mehr als 3 Stunden. - Elokuva kestää yli kolme tuntia.
Finanzwissenschaft, die - talous
finden - löytää, etsiä
Firma, die - yhtiö, firma, yritys
Firmen, die - yritykset
fließend - sujuva, sujuvasti
flog weg - lensi pois
Flugschau, die - lentonäytös
Flugzeug, das - lentokone
Fluss, der - kulku, virtaus
Formular, das - lomake, kaavake
fortführen - jatkaa
Fortsetzung folgt - jatkuu
Foto, das - kuva
fotografieren, der Fotograf - valokuvata; valokuvaaja
Fragebogen, der - kyselylomake
fragte, gefragt - kysyi

Frau, die - nainen
Fräulein - neiti
frei - vapaa; die Freizeit, freie Zeit - vapaa-aika
freisetzen - vapauttaa, päästää vapaaksi
fremd - outo
Freund, der - poikaystävä, ystävä
Freundin, die - tyttöystävä
freundlich - ystävällinen
froh - iloinen
Frühstück, das - aamiainen, aamupala
frühstücken - syödä aamiaista
fuhr, gefahren - ajoi
fuhr los - lähti liikkeelle
führen - kulkea
Führer, der - johtaja
Führerschein, der - ajokortti
füllen - täyttää
fünf - viisi
fünfter - viides
fünfundzwanzig - kaksikymmentäviisi
fünfzehn - viisitoista
für - jotakin, jotakin varten / jotakuta varten, jollekin, -lle
Fuß, der - jalka
füttern - ruokkia
gab, gegeben - antoi
Garten, der - puutarha
Gas, das - kaasu
Gast, der - vieras
Gastfamilie, die - isäntäperhe
Gastgeber, der - isäntä
geben - antaa
gefallen - pitää; Das gefällt mir. - Minä pidän siitä.
Gefühl, das - tunne
gegen - vastaan, vastoin
Geheimnis, das - salaisuus
gehen, fahren - kävellä, suunnata, mennä; Ich gehe zur Bank. - Minä menen pankkiin.
gelb - keltainen
Geld, das - raha
genau zuhören - kuunnella tarkasti / tarkkaan
Genesung, die; Rehabilitation - kuntoutus
gesäubert - pesty
Geschichte, die - tarina
Geschlecht, das - sukupuoli
geschlossen - suljettu
Geschwindigkeit, die - nopeus
Gesicht, das - kasvot (pl.)
gestern - eilen
gesund pflegen - kuntouttaa
Gesundheit, die - terveys
gewöhnlich - tavallinen
Glas, das - lasi
glauben - uskoa; seinen Augen nicht trauen - ei uskoa silmiään
gleichzeitig - samaan aikaan
Glück, das - onnellisuus
glücklich - iloinen, onnellinen
grau - harmaa
grauhaarig - harmaahiuksinen
groß / größer / am größten - iso, suuri, suurempi, suurin
größer - isompi
grün - vihreä
Grund, der - syy
Gummi, der - kumi-, kuminen
gut - hieno, hyvä (adj.), hyvin (adv.); gut, alles klar - ok, selvä, selvä juttu, selvän teki
Haar, das - hiukset (pl.)
haben, er/sie/es hat; - on, olla, omistaa; Er hat ein Buch. - Hänellä on kirja.
halb - puoli
hallo - hei, moi, terve
Handarbeit, die - fyysinen työ, ruumiillinen työ
Handschellen, die - käsiraudat
Handy, das - matkapuhelin
hassen - vihata
hatte - oli, omisti
Haupt-, zentral - keskus-, pää-
Haus, das - talo
Hausaufgaben, die - läksy, kotitehtävä
Haustier, das - lemmikki
heimlich - salaisesti, salaa
Helfer, der - apulainen
Herausgeber, der - päätoimittaja
Herd, der - liesi, hella
Herr, Hr. - herra, hra
herstellen - valmistaa
heulend - ulvova
heute - tänään
Hey! - Hei!
hier (Ort) - täällä, tässä (paikka); hier ist - tässä on
hierher (Richtung) - tänne (suunta)
Hilfe, die; helfen - apu; auttaa
hindurch - läpi
hinter - takana
(hinunter)schlucken - nielaista
hoch - korkea
hochachtungsvoll - parhain terveisin
Hof, der - piha

hoffen - toivoa
Hoffnung, die - toivo
hören - kuunnella; Ich höre Musik. - Minä kuuntelen musiikkia.
hörte - kuuli
Hose, die - housut (pl.)
Hotel, das - hotelli
Hotels, die - hotellit
Hund, der - koira
hundert - sata
hungrig - nälkäinen; Ich habe Hunger. - Minulla on nälkä. / Olen nälkäinen.
Hut, der - hattu
ich - minä; Ich muss gehen. - Minun täytyy mennä. / Minun pitää mennä.
Idee, die - idea, ajatus
ihm - häntä
ihr - heidän, niiden; ihr Buch - hänen kirjansa
Imbiss, der - välipala
immer - aina
in - -ssa, -ssä, olla jossain, sisällä, jonnekin
in der Nähe - lähellä
in der Zwischenzeit - sillä välin
Information, die; die Angabe - tieto
informieren, mitteilen - ilmoittaa, kertoa, informoida, tiedottaa
informierte, - ilmoitti
Ingenieur, der - insinööri
Inserat, das - mainos, ilmoitus
intelligent - fiksu, nokkela, älykäs, viisas
interessant - mielenkiintoinen
irgendwelche - mitään
ja - kyllä
Jacke, die - takki
Jahr, das - vuosi
(Jahres)zeit, die - kausi, vuodenaika
jeder, jede, jedes - joka, jokainen
jemand - joku
jene (Pl.) - nuo
jener, jene, jenes - tuo
jetzt, zurzeit, gerade - nyt
Journalist, der - toimittaja
jung - nuori
Junge, der - kaveri, poika
Kabel, das - kaapeli
Kaffee, der - kahvi
Kaffeemaschine, die - kahvinkeitin
kalt - kylmä
Kälte, die - kylmyys
kam - tuli, pääsi
kam an, angekommen - saapui
Kanada - Kanada
Kanadier - kanadalainen
Känguru, das - kenguru
Kapitän, der - kapteeni
Karte, die - kartta
Kasse, die - kassa
Kassierer, der - kassavirkailija
Kätzchen, das - kissanpentu, kissanpoikanen
Katze, die - kissa
kaufen - ostaa
kennen, wissen - tietää, tuntea
kennengelernte - oppi
Kessel, der - teepannu
Kilometer, der - kilometri
Kind, das - lapsi
Kinder, die - lapset
Kindergarten, der - päiväkoti
Kiste, die - laatikko
klar, sicher - selvä, varma, toki
Klasse, die - luokka
Klassenzimmer, das - luokkahuone
Kleidung, die - vaatteet (pl.)
klein - pieni
Klingeln, das - soitto; klingeln - soittaa, soida
klingelte - soitti
Knopf, der - nappi
kochend - kokkaava, kokaten
Kollege, der - kollega, työtoveri, työkaveri
kommen / gehen - tulla / mennä
kommen in - liittyä
können - voida, kyetä, osata; Ich kann lesen. - Minä osaan lukea.
könnte, kann - voi
Kontrolle, die - hallinta, valvonta
kontrollieren - tarkistaa
Koordination, die - koordinaatio
Kopf, der - pää
Kopfarbeit, die - älyllinen, luovuutta ja ajattelua vaativa työ (kevyt työ)
korrigieren - korjata
kosten - maksaa, olla hinta
kreativ - luova
Krieg, der - sota
Kristall, das - kristalli, kide
Krug, der - purkki
Küche, die - keittiö
Kunde, der - asiakas
Kunst, die - taide
Künstler, der - taiteilija

Kurs, der - kurssi
kurz - lyhyt
küssen - suudella, suukottaa
Küste, die - merenranta, ranta
lächeln - hymyillä; Lächeln, das - hymy
lächelte - hymyili
lachen - nauraa
laden - lastata; Laden, der - kauppa; Läden, die - kaupat
Land, das - maa
landen - laskeutua
lang - pitkä
langsam - hiljaa, hitaasti
Laser, der - laser
lass uns - -kaamme, -käämme
lassen - antaa, sallia
Lastwagen, der - kuorma-auto
laufend - kävelevä, kävellen
laut - ääneen
Leben, das - elämä, henki; leben, wohnen - elää, asua
lebte, geleben - asui
lecker - maukas, herkullinen
ledig - naimaton
leer - tyhjä
legen, der Platz - asettaa, laittaa; paikka
Lehrer, der - opettaja
leicht - kevyesti
leid tun - olla pahoillaan; Es tut mir leid. - Olen pahoillani.
leise - äänetön, äänettömästi / hiljaa
lenken - ohjata; Lernen, das - oppiminen
lesen - lukea
lesend - lukien, lukeva
Liebe, die - rakkaus
lieben - rakastaa
lieber, liebe - rakas
Lieblings- - lempi-, mieli-, suosikki-; der Lieblingsfilm - lempielokuva, mielielokuva, suosikkielokuva
liebte - rakasti
lief ab, abgelaufen - meni
links - vasen
Liste, die - lista
Lösung, die - vastaus, ratkaisu
Löwe, der - leijona
Luft, die - ilma
lustig - hauska
Mach dir keinen Kopf! - Älä huolehdi!
machen - tehdä, valmistaa
machte an - käynnisti
Mädchen, das - tyttö
Mama, die Mutter - äiti
manchmal, ab und zu - joskus, toisinaan
Mann, der; der Mensch - mies, ihminen
Männer, die - miehet
männlich - mies, miespuolinen
Mannschaft, die - tiimi, joukkue
Maschine, die - kone
Matratze, die - patja
medizinisch - lääketieteellinen
Meer, das - meri
mehr - lisää, enemmän
mein, meine, mein - minun
Mensch, der - ihminen
Menschen, die - ihmiset
Metall, das - metalli
Meter, der - metri
Methode, die - tekniikka
mich - minua
Miezekatze, die - kisumirri
Mikrofon, das - mikrofoni
Minute, die - minuutti
mit - (jonkun) kanssa
Mitglied, das - jäsen
Möbel, die - huonekalu
mögen - pitää, tykätä
möglich - mahdollinen
Möglichkeit, die - mahdollisuus
Moment, der - hetki
monoton - yksitoikkoinen
Montag, der - maanantai
Mörder, der - tappaja
morgen - huominen, huomenna; Morgen, der - aamu
Motor, der - moottori
müde - väsynyt
Musik, die - musiikki
müssen - täytyy, pitää, kuuluu, tarvitsee
Muttersprache, die - äidinkieli
nach - jälkeen, yli
nach unten - alas
Nachbar, der - naapuri
nächste - lähin
Nacht, die - yö
nahe - lähellä
Nähe, die - läheisyys
näher - lähempänä
nahm, genommen - otti, vei
Name, der; nennen - nimi, nimittää

Nase, die - nenä
nass - märkä
Nationalität, die - kansallisuus, kansalaisuus
Natur, die - luonto
natürlich - tietenkin, tietysti, totta kai
nehmen - ottaa
nein - ei
neu - uusi
neun - yhdeksän
neunter - yhdeksäs
nicht - ei; nicht dürfen - ei täydy, ei pidä, ei kuulu, ei tarvitse, ei saa
nichts - ei mitään
nie - ei koskaan
niemand - ei kukaan
noch, weiterhin - vielä, silti; noch einen - yksi lisää, yksi vielä
Nordamerika und Eurasien - Pohjois-Amerikka ja Euraasia
normal - yleinen
normalerweise - yleensä
Notiz, die - muistiinpano, kirjelappu, muistio
Notizbuch, das - vihko, muistikirja, muistivihko
Notizbücher, die - vihkot, vihot, muistikirjat, muistivihkot, muistivihot
Nummer, die - numero
nur - vain
ob - jos
obwohl, trotzdem - vaikka
öffnen - avata, auki
öffnete, geöffnet - avasi
oft - usein
Oh! - Ai!
ohne - ilman
Ohr, das - korva
okay, gut - okei, ok, selvä
Öl, das - öljy
Panik, die - paniikki; in Panik versetzen - panikoida
Papa - isi
Papier, das - paperi
Park, der - puisto
Parks, die - puistot
passend - sopiva
passieren - tapahtua
passiert - tapahtunut
Patroiulle, die; die Streife - partio
Pause, die - tauko
Person, die - henkilö
Personalabteilung, die - henkilöstöosasto
persönlich - henkilökohtainen
Piepton, der - piippaus
Pilot, der - pilotti
Plan, der - suunnitelma
planen - suunnitella
Planet, der - planeetta
Platz, der - tori
plötzlich - yhtäkkiä
Polen - Puola
Polizei, die - poliisi
Polizeihauptmeister, der - ylikonstaapeli
Polizist, der - poliisi
Position, die - asema
Preis, der - hinta
pro Stunde - tunnilta
Problem, das - ongelma
Programm, das - ohjelma
Programmierer, der - ohjelmoija
prüfen - kokeilla, testata
Prüfung, die - koe
Publikum, das - yleisö
Puppe, die - nukke
Rad, das - rengas
Radar, der - tutka
Radio, das - radio
rasen - ajaa ylinopeutta
Raser, der - ylinopeutta ajanut
raste - kiirehti
Rätsel, das - mysteeri
Ratte, die - rotta
Raumschiff, das - avaruusalus
rechts - oikea
Rede, die - puhe
Regel, die - sääntö
Regen, der - sade; sataa
reiben - hieroa
reisen - matkustaa
rennen, joggen, laufen - juosta, hölkätä, lenkkeillä
Reporter, der - toimittaja
retten - pelastaa
Rettungsdienst, der - pelastuspalvelu
Rettungstrick, der - hengenpelastustemppu
richtete - osoitti
richtig - oikea, oikein
rief, gerufen - huusi
riefen an - soittivat
rot - punainen
Rubrik, die - otsikko
rufen, anrufen - huutaa, kutsua, soittaa (puhelimella)

rund - ympäri
Saatgut, das - siemen
sagen - kertoa, sanoa
sagte - sanoi
sah, gesehen - näki; sah, schaute, geschaut - katsoi
Samstag, der - lauantai
Sand, der - hiekka
Sandwich, das - voileipä
Sänger, der - laulaja
Satz, der - lause
sauber - puhdas
sauber machen, putzen - siivota, siistiä
schauen, betrachten - katsoa
schaukeln - keinua
schickte, geschickt - lähetti
Schiff, das - laiva
schlafen - nukkua
schlagen - lyödä, iskeä
Schlange, die - jono
schlau - fiksu, ovela, ovelasti
schlecht - huono, paha
schließen - sulkea
schließlich - viimein, lopulta
Schlüssel, der - avain
schnell - nopea, nopeasti
schon - jo
schön - mukava, kiva
schoss; angeschossen - ampui
schreiben - kirjoittaa
Schreibtisch, der - pulpetti, työpöytä
schrieb, geschrieben - kirjoitti
Schriftsteller, der - kirjoittaja, kirjailija
Schritt, der - askel
Schule, die - koulu
schütten, gießen - kaataa
Schwanz, der - häntä
schwarz - musta
schwer - raskas, vaikea
Schwertwal, der - miekkavalas
Schwester, die - sisar, sisko
schwimmen - uida
sechs - kuusi
sechster - kuudes
sechzig - kuusikymmentä
See, der - järvi
sehen - nähdä
sehr - hyvin, erittäin
sein - olla, sen; sein, seine; sein Bett - hänen sänkynsä
seit - siitä lähtien
Sekretärin, die - sihteeri
selten - harvoin
Serie, die - sarja-
sich anziehen - pukea päälle
sich bewerben - hakea
sich entschuldigen - pyytää anteeksi
sich hinsetzen - istua alas
sich kennen - tuntea toisensa
sich kümmern um - huolehtia jostakin
sich schämen - hävettää; er schämt sich - häntä hävettää
sich Sorgen machen - huolehtia
sich umsehen - katsoa ympäriinsä
sich unterhalten - puhua
sich verstecken - piiloutua, piileskellä
Sicherheitsgurt, der - turvavyöt
sie - he, ne, hän
sieben - seitsemän
siebter - seitsemäs
siebzehn - seitsemäntoista
singen - laulaa
Sirene, die - sireeni
Situation, die - tilanne
Sitz, der - istuin, paikka; sich hinsetzen - istua paikalle
sitzen - istua
so oft wie möglich - niin usein kuin mahdollista
sofort - välittömästi, heti
Sohn, der - poika
sorgfältig - huolellinen
Spaniel, der - spanieli
spanisch, Spanisch - espanjalainen, espanjankielinen
Spaß, der - hauskuus
Spaß haben, genießen - nauttia
spielen - leikkiä, pelata, soittaa; Spielen, das - leikkiminen
Spielzeug, das - lelu
Sport, der - urheilu
Sportfahrrad, das - urheilupyörä
Sportgeschäft, das - urheilukauppa
Sprache, die - kieli
sprechen - puhua
springen - hypätä; der Sprung - hyppy
Stadt, die - kaupunki
Stadtzentrum, das - kaupungin keskusta
stahl, gestohlen - varasti
Stand, der - status, asema, sääty
Standar, der d, Standard- - standardi
starb - kuoli

stark - luja / kova (adj.), lujasti / kovasti (adv.); vahva, vahvasti, voimakkaasti
Stärke, die - voima
stattdessen - sijasta, sen sijaan
Stechmücke, die - hyttynen
stehen - seisoa
stehlen - varastaa
Stein, der - kivi
sterben - kuolla
Stern, der - tähti
Sternchen, das - tähti
Stift, der - kynä
Stifte, die - kynät
Stimme, die - ääni
stinkend - haiseva
stoßen, ziehen - työntää
Straße, die - tie, katu
Straßen, die - kadut
Strom, der - virta
Student, der - opiskelija
Studenten, die - opiskelijat
Studentenwohnheim, das - opiskelija-asuntola
studieren - opiskella
Stuhl, der - tuoli
Stunde, die - tunti
stündlich - tunneittain, joka tunti
super, toll - mahtava
Supermarkt, der - supermarketti, valintamyymälä
Tablette, die - pilleri, tabletti
Tag, der - päivä
täglich, jeden Tag - päivittäin
Tanker, der - tankki
tanzen - tanssia
tanzend - tanssiva
tanzte - tanssi
Tasche, die - laukku, tasku
Tasse, die - kuppi
Tastatur, die - näppäimistö
tat - oli
tausend - tuhat
Taxi, das - taksi
Taxifahrer, der - taksinkuljettaja
Tee, der - tee
Teil, der - osa
teilnehmen - osallistua
Teilnehmer, der - osallistuja
Telefon, das - puhelin
Telefonhörer, der - puhelimen luuri
telefonieren - soittaa (puhelimella)
Teller, der - lautanen (kuppi, kippo)
Text, der - teksti
Tier, das - eläin
Tierarzt, der - eläinlääkäri
Tiger, der - tiikeri
Tisch, der - pöytä
Tische, die - pöydät
Tochter, die - tytär
tödlich - tappava
Toilette, die - vessa, WC
tötete - tappoi
traf, kennengelernte, getroffen, kennengelernt - tapasi
trainieren - kouluttaa; trainiert - koulutettu
Transport, der - kuljetus
trat - astui, painoi
Traum, der - unelma
träumen - unelmoida
traurig - surullinen
treffen, kennenlernen - tavata
treiben - kellua; Treiben, das - kelluminen
Treppe, die - portaat, rappuset
Tresor, der - kassakaappi
treten - talloa, astua, painaa
Trick, der - temppu
trinken - juoda
trocken - kuiva; trocknen - kuivata
tschüss - hei, hei sitten, hei vaan, ”heippa”
Tür, die - ovi
über - yli, läpi
Überfall, der - ryöstö
übergreifen - levittää
überraschen - yllättää, yllättyä
überrascht, verwundert - yllättynyt
Überraschung, die - yllätys
Übersetzer, der - kääntäjä
übrigens - muuten
Uhr, die - kello; Es ist zwei Uhr. - Kello on kaksi.
um eins - kello yhdeltä
um halb neun - puoli yhdeksältä
und - ja
Unfall, der - onnettomuus, vahinko
ungerecht - epäreilu
Universität, die; die Uni - korkeakoulu, yliopisto
uns - meitä
unser - meidän
unter - alla
unterstreichen - alleviivata
USA, die - USA
usw. - jne.
Vater, der - isä

Verbrecher, der - rikollinen, rikos
verdammt - hitto
verdienen - ansaita, tienata; Ich verdiene zehn Dollar pro Stunde. - Minä tienaan 10 dollaria tunnissa.
Verein, der - kerho
Vereinbarung, die - sopimus
Vereinigten Staaten, die; USA - Yhdysvallat, USA
Verfolgung, die - takaa-ajo
vergessen - unohtaa
verkaufen - myydä
Verkäufer, der; die Verkäuferin - myyjä
Verlader, der - lastaaja, kuormaaja
Verlag, der - kustannus-
verlassen, verließ - jättää, jätti
verlieren - menettää
verließ - meni pois
verschieden - erilainen
verstand, verstanden - ymmärsi
Versteckspiel, das - piiloleikki
versteckte - piiloutui
verstehen - ymmärtää, käsittää
versuchen - kokeilla
versuchte - yritti
verwirrt - hämmentynyt
Videokassette, die - videokasetti
Videothek, die - videokauppa
viel - paljon
viele - monta
vielseitig, alles könnend - monitaitoinen
vier - neljä
vierter - neljäs
vierundvierzig - neljäkymmentäneljä
Vogel, der - lintu
voll - täysi, ennen, sitten
vor allem - varsinkin, etenkin
vor einem Jahr - vuosi sitten
vorbei - ohi
vorbereiten - valmistautua
Vorderräder, die - eturenkaat
vorgeben; so tun, als ob - esittää, teeskennellä
vorn - etupuoli, etu-
vorsichtig - varovasti, tarkasti, tarkkaan
wackelte - tärisi
Waffe, die - ase
wählen, aussuchen - valita
während - samalla kuin
Wal, der - valas
war - oli
waren - olivat
warm - lämpö
warten - odottaa
wartete, gewartet - odotti
was, welcher/welche/welches - mitä, mikä; Was ist das? - Mitä / Mikä tämä on? Was ist los? - Mikä on vikana? / Mikä on hätänä?
waschen, putzen - pestä
Waschmaschine, die - pyykkikone, pesukone
Wasser, das - vesi
Wasserhahn, der - vesihana
Website, die - internetsivu
weg - pois, poissa; Weg, der - tie, reitti
weggehen - lähteä
weglaufen - karata
weiblich - nainen, naispuolinen
weil - koska
weinen, schreien, rufen - itkeä, kiljahtaa, huutaa
weiß - valkoinen
weit - suuri (adj), suurella / suuresti (adv.); kaukana
weiter - edemmäs, kauemmas
weiter schauen - jatkaa katsomista
Welcher Tisch? - Mikä pöytä?
Welle, die - aalto
Welpe, der - pentu
Welt, die - maailma
Weltall, das - avaruus
wenig - vähän, harvat
weniger - vähemmän
wenigstens - vähintään, ainakin
wenn - milloin, kun
wer - joka, kuka
Werbung, die - mainos
werden - aikoa
wessen - jonka
Wetter, das - sää
wichtig - tärkeä
wie - kuinka
wieder - uudestaan, uudelleen, taas
Wind, der - tuuli
wir - me
wirklich - oikea, oikeasti, todella
wo - missä
Woche, die - viikko
wohnhaft - asuva
wollen - haluta, tahtoa
wollte - halusi
Wort, das; die Vokabel - sana
Wörter, die; die Vokabel - sanat
wortlos - ilman sanoja, sanomatta sanaakaan

wunderbar - loistava, uskomaton
wunderschön - kaunis
wusste - tiesi
wütend - vihainen, vihaisesti
zahlen - maksaa
Zebra, das - seepra
zehn - kymmenen
zehnter - kymmenes
zeigen - näyttää
zeigte - näytti
Zeit, die - aika
Zeitschrift, die - aikakauslehti
Zeitung, die - sanomalehti
Zentrum, das - keskusta
zerstören - tuhota
ziehen - vetää
ziemlich - melko
Zimmer, das - huone; Zimmer, die - huoneet
zittern - täristä
Zoo, der - eläintarha
zu Fuß - jalkaisin
Zug, der - juna
Zuhause, das - koti; nach Hause gehen - mennä kotiin
zukünftig - tuleva, tulevaisuuden
zum Beispiel - esimerkiksi
zurück - takaisin
zusammen - yhdessä
zwanzig - kaksikymmentä
zwei - kaksi
zweimal - kaksi kertaa
zweite Name, der - toinen nimi
zweiter - toinen
zwischen - välissä
zwölf - kaksitoista

* * *

Zeitfracht Medien GmbH
Ferdinand-Jühlke-Straße 7
99095 Erfurt, Deutschland
produktsicherheit@kolibri360.de